大数据时代高等教育规范化管理研究

李 娜 著

中国纺织出版社

图书在版编目（CIP）数据

大数据时代高等教育规范化管理研究 / 李娜著. --
北京 : 中国纺织出版社, 2019.3
ISBN 978-7-5180-5325-4

Ⅰ. ①大… Ⅱ. ①李… Ⅲ. ①高等教育－教育管理－
研究－中国 Ⅳ. ①G649.2

中国版本图书馆CIP数据核字(2018)第191285号

责任编辑：汤　浩　　**责任印制：**储志伟

中国纺织出版社出版发行
地　　址：北京市朝阳区百子湾东里A407号楼　　**邮政编码：**100124
销售电话：010-67004422　　**传真：**010-87155801
http://www.c-textilep.com
E-mail：faxing@c-textilep.com
中国纺织出版社天猫旗舰店
官方微博http://weibo.com/2119887771
北京虎彩文化传播有限公司印刷　各地新华书店经销
2019年3月第1版第1次印刷
开　　本：710×1000　1/16　**印张：**12
字　　数：208千字　**定价：**59.00元

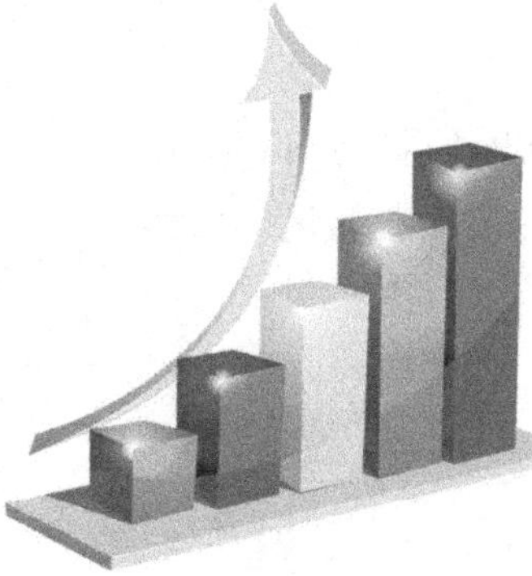

前　言

PREFACE

云计算、物联网等新兴服务促使人类社会的数据种类和规模正快速增长。随着大数据时代的到来，数据开始转变为一种基础性资源，如何更好地管理和使用大数据为人们所关注。大数据的规模效应给数据存储、管理以及数据分析带来了很大的挑战，数据管理方式上的变革正在酝酿和发生，对大数据的基本概念进行剖析以及总结是大数据时代所面临的新挑战。

随着云计算和移动互联网的发展，大数据迅速成为了各领域的热门话题，高等教育也不例外。大数据时代给高等教育带来了新的机遇和挑战。毋庸置疑，高等教育研究领域必然要应对这一潮流与挑战，迎接大数据研究的洗礼。大数据时代的来临不仅推动着高等教育研究者研究理念的转变，而且也给高等教育管理注入了新的血液。

信息技术的发展和应用催生了大数据时代。海量的数据、多样的数据种类以及快速的数据分析，促使高等教育快速转型，呈现出新的发展趋势。市场的介入，促使高等教育资源配置由高校一元垄断模式逐渐转变为多元模式；教学方式的变革，推动教师角色与职能的多样化；高等教育资源的全球化，促使单一校园服务模式逐渐转变为全方位立体服务模式；海量数据库的构建，推动了高校管理的科学化；学习渠道不断拓宽，推动学习者身份的多元化和学习观念的改变。

大数据时代的到来，使高等教育事业不可避免地出现了一系列新的困难和问题。笔者在本书中列举了我国高等教育管理中存在的问题，并针对这些问题提出了相应的解决策略。本书中，笔者也对大数据时代信息技术与高等教育深度融合进行了思考，讲述了大数据时代高等教育管理观的嬗变，还有以杭州市高等院校教育管理规范化调查与研究为例的相关阐述以及大数据下高等教育的信息化等。

本书在撰写过程中吸收了部分专家、学者的一些研究成果和著述内容，在此表示衷心的感谢。由于笔者水平有限，书中难免存在缺点和错误，恳请广大读者批评指正。

编者

2018年3月

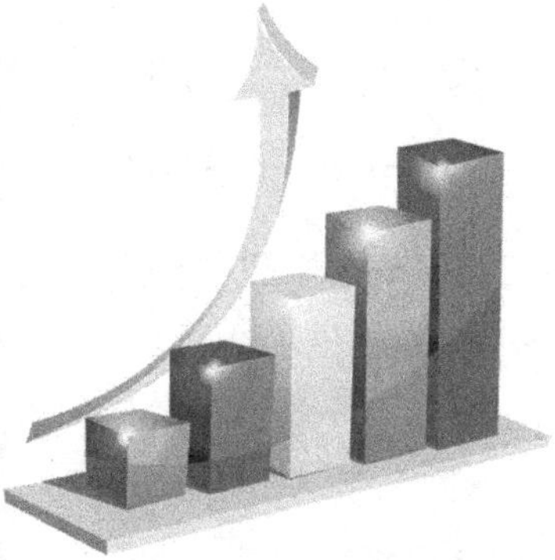

目　录

CONTENTS

第一章

大数据时代述评

第一节　大数据的概念及特征

数据和信息都是比较新颖的战略资源，在数字环境下一个国家的综合竞争力中也包括了对于数据和信息内容的组织与服务能力，很多发达国家和地区都将管理数字信息资源和服务能力提升到国家战略的高度。而“大数据”概念真正从市场行为上升到国家科技战略，是因为2012年3月29日奥巴马政府提出的一项研究和发展大数据的先导计划。大数据时代的到来给发展中国家带来了更多的发展机会，但随之而来的还有挑战，因为发展中国家在经济和人力资源方面比较稀缺，科技基础建设也并不完善。

一、大数据的概念及特征

1.大数据的概念

大数据，简而言之，就是数据集，用常规意义上的数据存储和管理工具难以对其进行处理和分类。大数据，规模庞大、数据传输速度快、多元化特征明显。具体而言，我国通过互联网平台进行活动的时候会产生一些数据信息，诸如图片、文字、视频等都是常见的数据类型。大多数计算机系统会产生一些数据信息，诸如文件、数据库、多媒体等都是常见的数据表现方式。利用现代高科技产生收集和获取的信息，诸如摄像头数字信号等也是数据信息的表现类型。总之，大数据就是依托于互联网平台而产生的数据集，大规模、高速度、多元性，需要利用计算机网络技术对其进行存储和处理。

大数据是一种全新的用于问题解决方面的技术，海量数据问题使用传统的数据技术是无法解决的，但是大数据技术可以。关于大数据的定义可谓众说纷纭。大数据是一种集合概念，包括的数据类型繁杂、结构复杂并且数量巨大，使用云计算来处理数据，其服务能力是通过挖掘数据并进行整合共享而形成的。云计算是一种强调资源共享的服务，将资源集中起来并且进行动态配置，强调专业分工的重要性，这和传统的数字信息资源技术有很大的区别。可以说，云计算对不同信息技术产业链之间的合作起到了很大推动作用，实现了彼此之间的资源聚合、信息共享以及相互配合，使我们更快地走向了面向服务的计算时代。所以，云计算和信息资源共享之间的联系非常紧密，作为一种全新的网络资源共享模式，它在共享网络信息资源方面的优势是非常明显的。

2.大数据的特征

大数据具有4V特征：一是规模性（Volume），指企业面临着数据量的大规模增长。IDC预测称，到2020年全球数据量将扩大50倍。二是快速性（Velocity），指的是数据被创建和移动的速度惊人，创建和利用实时数据流已成为流行趋势。据IMS Research预测，到2020年全球将拥有220亿部互联网连接设备。三是多样性（Variety），数据的多样性主要是由新型多结构数据以及包括网络日志、社交媒体、互联网搜索、传感器网络等数据类型造成。四是价值性（Value），指对未来趋势与模式的可预测分析、深度复杂分析，使大量的不相关信息浪里淘沙。

二、大数据产生的原因

（1）数据本身。大数据是一直就存在的，只是原先不为人们所存储与利用。我们每天都有数以万计的数据产生，波音的喷气发动机每30分钟就会产生10TB的运行数据，如果安装了4台发动机，每次飞越大西洋就会产生640TB的数据。但有一个区别是，现在数据还大量产生于互联网社交等媒体上。

（2）硬件发展。硬件设施的发展使计算机的性价比得到巨大提升，集成半导体芯片的发展使CPU处理性能飞速发展，同时磁盘价格的明显下降，变得轻巧。这为大数据打下了基础。

（3）软件发展。Hadoop是一种可以在通用服务器上运行的开源分布式处理技术，它的诞生成为了目前大数据浪潮的第一推动力。没有大规模数据分布式处理技术Hadoop，可能就没有大数据时代。

（4）云计算技术。云计算与大数据的关系是静与动的关系；云计算强调的是计算，数据则是计算的对象，前者强调计算能力，后者看重存储。可见云计算与大数据关系是很紧密的。

三、大数据带来的发展机会

（1）大数据产业。“大数据”产业链条包含了从数据生成、数据处理和数据展示等多个环节，数据处理结果的应用，催生了数据科学家。2010年以来全球IT巨头纷纷通过收购大数据相关厂商来实现技术整合，可见对大数据战略布局的重视。初步预算，未来中国大数据产品的潜在市场规模有望接近2万亿元。

（2）传媒。通过大数据分析，让传媒广而告之的能力提升，推销商品更具个性化和针对性。比如淘宝上会根据客户一直以来的商品浏览和购买记录，针对性推荐产品。

（3）商业。商家可以根据顾客的购买记录来分析顾客的购买行为，从而达到最优化方案。例如，沃尔玛在对消费者购物行为分析时发现，男性顾客在购买婴儿尿片时，会顺便搭配几瓶啤酒，于是推出了将啤酒和尿布摆在一起的促销手段，没想到这个举措居然使销量大增。

（4）教育。大数据时代给人带来了学习方式的转变，足不出户就享受应有尽有的学习资源。现在的MOOC大型开放式网络课程实现了一种高端的知识交换。可适用于专家培训，学科间的交流学习以及特别教育的学习模式等任何学习类型的信息都可以通过网络传播，让每个人都能免费获取来自名牌大学的资源，在任何地方、用任何设备进行学习。

（5）医疗。通过大数据的分析可以提前预料并进行精准治疗，其带来的数字医疗也可以为人们做实时的身体健康跟踪。

（6）政府行政。政府通过大数据分析民众的行为与意愿，体察民情、为民服务、获得民心，行政更科学、民主、高效。

（7）科技。在科技领域，从收集的以往的数据进行大数据分析可以对后期进行科学的预测，比如地震、天气预报，行星运动轨迹等。2011年日本大地震发生后，专家通过分析海量的数据，仅9分钟后，就发布了详细的海啸预警，其每年的信息技术预算巨大，但乐此不疲，因为这些信息关乎生命，可以拯救生命，改变世界。

四、大数据安全与隐私保护的必要性及面临的挑战

1.个人隐私泄露，带来信息安全隐患

大数据时代的到来有利有弊，大数据信息处理不当，会给用户隐私带来泄露风险。当前，大数据逐步应用于各行各业，经常出现信息公开发布的情况，包括用户地理位置、匿名保护等一系列信息资源。大数据时代的到来，通过对客户基本信息的存储和搜索，能够将客户信息扩大化。例如，大数据时代，知道某人的姓名和消费习惯，通过数据搜索可以发现用户的政治观点等方面的信息。虽然很多时候，对个人信息会进行一定程度的匿名处理和信息保护，但是公开发布后的匿名信息仍然有迹可循，甚至能够通过蛛丝马迹精准定位到某个人。当前，大数据时代对用户信息的搜集和存储仍然缺少相关的管理章程，监督体系不完善，用户个人信息泄露的情况极为严重，很多用户缺乏个人信息保护意识，带来极大的经济损失。

2.大数据可信性有待考证，带来决策失误

大数据时代的到来，很多事情的发展规律跃然纸上，很多人开始盲目相信数据，但是，大数据的可靠性来源于数据信息的可信性，如果数据信息的整理和存储存在欺骗，就会导致信息数据的错误，进而对人们产生错误的指导，得出错误的结论，做出错误的决策。但是，由于大数据规模庞大，信息极多，很多错误的、伪造的数据信息都掺杂在大数据库中，并随着数据信息的传播而扩展开来，速度极快，一旦传播就会产生或大或小的影响。与此同时，数据信息的传播缺少必要的安全保护措施和措施，导致误差严重的数据信息得不到有效的检验，偏差严重，影响了结果的准确性，使得所得数据信息不能反映客观真实情况。因此，强化数据传播、存储、搜集等过程中的监督和管理极为必要。

3.大数据隐私保护技术欠缺，使得大数据的弊端越来越明显

大数据信息时代，很多现实情况都是通过大数据信息反映出来的，大数据信息传播的高速度使得大数据信息应用范围越来越广泛。但是，对于大数据信息资源的监管仍然存在一些缺陷和漏洞，监管力度不足，数据信息的利用价值降低，弊端愈发凸显。大数据在信息数据的保护方面技术支持不足，手段创新度欠缺，很多数据信息在传输过程中受损，保护力度不足使得信息丢失，影响企业、社会的稳定发展，带来恶劣的负面影响。

五、提高大数据安全与隐私保护的方法和措施

1.促进大数据保护技术的创新和灵活应用

大数据保护技术是大数据安全与隐私保护的直接载体，能够保证数据信息在数据库领域范围内得到有效的存储和处理。现代科技快速发展的条件下，强化大数据安全与隐私保护，提高大数据保护技术的创新极为必要，不仅能够细化数据信息的来源和记录，而且能够具象化数据符合，及时对数据信息进行标记和核实检测，以高度还原真实数据信息。随着大数据时代的到来，很多情况下都需要用户再三确认身份信息，强化数据信息保护技术，就能够实现最大化保护用户隐私的目的，减少不必要的麻烦和负面影响，避免给用户带来较大的经济损失和人身财产安全隐患。

2.正确利用大数据技术抵抗不良数据垄断

数据信息时代的到来，很多企业、很多个人都认识到了数据信息的重要性，作为创新的源泉和执行的基础，优化大数据安全与隐私保护极为重要。很多数据大亨利用拥有的数据信息资源进行不良操作和恶性违规事件，控制了很多信息的传输和存储，影响了人们的正常生活和信息的有效利用，阻碍了大数据技术及应用的发展。提高数据信息的正确利用，抵抗数据垄断势在必行，只有这样才能将数据信息利用放置在一个公平合理的竞争平台，充分利用大数据的优势为社会大众谋福利，避免数据信息的违规使用带来不可避免的恶性影响。

3.加强对社交网络中数据信息的全面监督

大数据时代的到来和互联网技术的快速发展，社交网络作为一个重要的社会产物成为人们之间沟通与交流的纽带，很多人们都活跃在社交媒体上，作为社交的一部分，都涉及个人信息的部分泄露，强化数据监管极为必要，对匿名的社交媒体信息，要进行社交网络匿名保护，充分利用现代科技的技术力量保护个人信息的安全，避免可能性的信息泄露带来巨大的经济损失。社交网络具有汇聚和交流的作用，彼此间不可避免地会出现信息的交流和传输，要强化对社交内容的全面监管，以全面保护信息的安全性，避免信息被不怀好意的利用，对社交主体带来极大的人身和财产伤害。强化社交网络中数据信息的全面监督，需要基于社交实际发展状况和大数据安全保护技术普及度，以提高监督的全面性和针对性，进而提高监督效果。

大数据时代的到来，为人们的生产和生活提供了更为广阔的发展空间和方便，与此同时，大数据安全与隐私保护的重要性逐步凸显出来，成为社会普遍关注的重心。但是，由于大数据时代面临的挑战较大，我国对于大数据安全与保护措施力度不足，使得大数据安全与隐私保护技术有待提高。此外，还要为大数据安全与隐私保护提供良好的发展空间和法律保护，以提高大数据安全与隐私保护的全面性和针对性。

大数据影响了经济、政治、文化、教育等多方面，面对大数据，我们应该把握机遇，迎接挑战，大数据帮助人们开启循“数”管理的模式，也是我们当下“大社会”的集中体现。三分技术，七分数据，得数据者得天下。

第二节　大数据时代的技术探讨

随着大数据时代的到来，计算机信息技术得到了良好的发展机遇。计算机信息处理技术在大数据时代面临着海量的数据信息，大数据在转移计算机数据信息的同时，提高了计算机信息处理的效率和水平，完善了信息采集、加工等技术项目，表明了大数据时代计算机信息处理技术的优势。

一、“大数据”时代信息处理技术的关键环节

大数据时代背景为计算机信息处理技术提供了应用和发展的条件，进而拓宽了技术的应用领域。基于大数据的计算机信息处理技术可以分为3类，分析如下：

1.数据存储

大数据时代的计算机网络中，需要存储大量的信息数据，促使信息数据表现出了多元化、丰富化的特征，实际大数据中，还存储了海量的虚拟信息，增加了数据信息的存储量，计算机数据信息的容量，处于不断扩大的状态中。因此，计算机信息处理中的数据存储，要适当地提升标准和要求。计算机信息处理中，传统的数据存储容量并不大，存储技术在规定的存储量和存储速度作用下，基本

满足用户的需求。大数据时代的到来，原有的数据存储已经不能满足容量与速度的需求，导致信息处理技术无法承载信息的负荷量，必须根据大数据的特点，扩大数据存储的容量，引进新的存储技术，积极提高存储容量与速率。

2.信息采集、加工以及传输

大数据时代计算机信息处理中的采集模块，是指获取并加工信息的过程。大数据中，虽然包含海量的信息，但是仍旧存在无用的信息，计算机信息采集技术可以在大数据环境中选出有用的信息。信息采集应用时，先要在海量的数据中选择出重要的数据信息，再归类此部分信息，而且采集技术要具备全面、动态的监控作用，有效地筛选大数据中的信息。采集后，实行数据加工，区分采集数据的类型，分类之后，传输技术把数据信息传输到用户终端。采集技术是计算机信息处理技术的重要部分，在大数据时代发挥关键的作用，选择有效可用的数据，发挥计算机信息处理的作用。

数据处理的第二个环节即是信息的加工与处理，根据数据自身的特点对数据进行分类、存储。最后，即在数据传输环节通过采用不同的技术方式将用户需要的数据发送到各自的终端，从而实现数据的最终利用以及数据的无缝传送。

3.安全维护

大数据时代的计算机信息，各项信息并不是独立存在的，而是相互关联和影响。信息之间的相互联合虽然为用户提供了诸多便捷，但是也引发了一个问题，就是一个类型的数据发生问题后，会牵连更多的数据，诱发数据风险。针对大数据时代的计算机信息处理技术，应落实安全维护应用措施。计算机信息处理时，应严格按照安全技术执行，依照大数据的状态构建信息安全体系，专门用于管控大数据时代计算机信息处理技术的应用。信息安全体系，要采用防火墙、入侵检测等技术，保障大数据中各项信息的安全，在原有安全技术的基础上，还要积极开发新的安全技术，跟上大数据的发展速度。

为了保证在“大数据”时代中的所有信息处于安全的环境中，需要运用对应的信息安全处理技术。当前，为了保证数据安全，主要从这样几个方面着手处理：

（1）形成完善的计算机数据信息安全体系，通过增加与数据信息安全性格的人才培养来构建信息安全体系，这是确保数据信息安全的必要方式。

（2）加大对“大数据”信息安全技术相关产品的投入，因为传统的信息安全技术产品已经不能够完全解除当前“大数据”时代数据所面临的安全威胁，因此需要加大对相关数据安全技术产品的投入，发展新的数据安全处理技术。

（3）加大对关键数据的处理和检测深度，因为“大数据”的信息量十分大，需要对每个数据进行明显的检测，因此必须对重要的数据进行检测。

二、大数据时代的计算机信息处理技术

1.数据感知及获取

DeepWeb技术属于一种网络深层的空间利用技术，其处理的数据具有数据规模大、动态变化频率高以及分布范围广的特点。通过利用DeepWeb技术可以对数据进行充分的利用，通过高效的数据集成完成数据的抽取以及整合处理，实现数据的综合利用与动态处理。

2.分布式数据存储

分布式数据处理及存储技术是由谷歌（Google）公司提出的，并以GFS技术为代表。该技术在百度、国际商用机器公司（IBM）等数据公司中得到了广泛的应用，并得到了持续的发展。该技术通过利用列存储的基本概念，将数据以列为基本单位进行存储，并将之进行压缩操作，通过快循环等操作方式，实现数据在各个服务器之间快速的传递与处理。通过这种方式，能够显著地改善当前行列混合式的数据存储结构，并能够在短时间内在结构中加载大量的数据，缩短数据的查询与处理时间，使得磁盘空间的利用效率得到提高。

3.数据高效索引

Google公司提出的bigtable技术是当前主流的网络数据索引技术。索引是信息处理中不可缺少的路径，表现为动态索引的应用方式。常见的索引技术有：互补式聚簇索引、聚簇索引，计算机信息处理技术中的索引应用，促使数据能够严格按照索引的路径，存储到指定的位置。通过聚簇索引以及互补式聚簇索引技术实现数据的动态索引。其中，聚簇索引是基于索引顺序将所有的数据结构进行存储；而互补式聚簇索引则是通过使用多个副本作为索引列，通过相互补充的方式进行索引，并将查询结果估算方式结合起来，实现数据的最优查询与规划。

4.基于信息内容的数据挖掘激素

基于信息知识内容的数据挖掘技术主要包括网络信息搜索技术以及实体关

联技术两种。当前，互联网中信息搜索技术主要采用的是排序学习算法，通过将社会媒体的信息量作为媒体关注数据的基本特点，并以此为样本对数据进行学习算法，通过该算法对数据进行排序，并通过逐点、逐对以及逐列进行操作。该种算法是基于遗传算法以及神经网络算法而发展起来的，通过借鉴生物界的进化和发展规律，进行信息搜索，且能够满足多平台支持需求。

5.数据接口

ALE-Idoc数据接口技术采用的是分布-集成式SAP系统作为数据支撑基础，主要为所有SAP系统之间的中间环节提供完整的数据接口，确保分布在不同空间的系统之间建立起高效地联系，最终使得系统之间的关联性得到增强。通过该接口技术中的ALE处理，能够实现异步传输或者是同步传输，便于对分布式数据进行集中化的管理，实现各个SAP数据库之间相关联的数据同步服务。在同步的过程中，通常使用的数据格式为Idoc格式，通过利用该种格式可以保证数据的整体完整性，以实现各个SAP系统之间的数据在具有可识别性的同时，还能够在各个系统之间通用。Idoc结构包括数据控制头、数据段以及状态记录等几个关键部分。其中，数据控制头主要是对同步的数据控制内容以及数据的作用双方进行描述；数据段则是需要同步的数据所包含的内容，在具体的生成过程中是基于标准的格式得到的；状态记录则是Idoc数据生成和产生的数据记录。

在使用ALE-Idoc技术进行互联网的数据处理过程中，需要经历的步骤以及采用的主要方式包括：系统间数据输出功能启动、Idoc数据的获取、ALE服务层数据的传输、数据的接收和应用。通过使用ALE-Idoc技术能够实现外部系统中Idoc数据的即时输入以及对应格式的标准转换、ALE服务层中Idoc数据的写入与存储、显示等功能。

综合分析，互联网的大数据背景要求计算机信息处理技术注重规范性，技术合理应用到网络数据处理中，把控数据的传输、接收等，规范计算机信息处理的内容，准确地在用户终端显示所需的信息，体现大数据时代计算机信息处理技术的作用和价值。

三、大数据背景下计算机信息处理技术面临的机遇与挑战

1.大数据背景下计算机处理技术的机遇

伴随着计算机网络普及化程度的变高，使得其在各行各业中都获得广泛的应用，从而导致了大数据的产生，在大数据最开始的处理过程中，我们虽然还是面对着较大的难度，但是随着技术的不断革新，新理念、新方法的采用，仍然取得了很好的处理效果，而且实践也证明，通过在高校中应用大数据的信息处理技术，对于高校的进一步精细化管理的提升也具有非常重要的意义。同时，在这种情况下，高校的成本也得到了进一步降低，使其能够轻装上阵，不断增强自己的核心竞争力。在教育行业的应用也能够取得异曲同工的效果，如通过收集广大学生的喜好，能够更好地做到因材施教，继而明显提升教学效果，使得每个学生都能够获得全面发展的机会。

2.大数据背景下计算机处理技术的挑战

通过上文的分析我们能够发现，大数据时代的到来为我国各行各业带来很大的发展机遇，但同时也让人们面临着一定的挑战，具体来说，主要表现在如下几个方面，一是海量的数据给数据的存储技术、存储空间以及传输技术、资源的消耗带来新的挑战：二是大数据时代下的计算机处理技术对用户、企业的隐私和计算机信息安全提出了更高的要求：三是对网络运营商的硬件以及海量数据的信息处理能力带来了更大的挑战。因此，这些都需要在未来的发展过程中有效解决。

四、技术规划的方向

大数据时代计算机信息处理技术面临着很大的发展压力，主要应在以下三个方面规划技术的发展方向：①大数据时代计算机信息处理技术的高效应用中，应该注重多项技术的结合，积极引入压缩技术、传输技术等，满足大数据的多样化需求，促使信息具备高效的检索能力，进而推进计算机处理技术的良好发展；②根据大数据时代计算机信息处理技术，落实安全管理，并且积极发展安全管理措施在信息处理技术中的应用，避免计算机的用户端受到威胁或攻击；③在大数据时代、互联网背景中，应做到计算机信息处理技术的优化发展，简化计算机信息处理的过程，保障计算机信息处理技术的高效性，积极挖掘技术潜力，提高计

算机信息处理技术的水平。

大数据的运营打破了计算机信息中的技术限制，主导了计算机信息处理技术的发展。计算机信息处理技术在大数据的带领下，规划了云计算网络，实现了大数据与计算机信息处理技术的相互结合，注重计算机信息技术的整体性应用，完善计算机信息的处理环境，强化了计算机信息处理技术在大数据中的规范性。因为计算机的发展将会受到硬件条件的限制，且计算机网络建设过程中存在各种局限性，因此需要将当前的计算机网络逐步向云计算机网络的方向发展，这也是当前“大数据”时代发展的整体趋势。未来计算机的网络建设以及相关理论是将计算机的硬件终端与网络数据相分离，并将当前的云计算逐步转化成为云计算机网络，并最终建设成计算机与信息网络相结合的“大数据”网络系统，使得两者在计算机网络系统中能够相互紧密地结合起来，形成一个持续发展的整体。

大数据时代的来临，需要计算机技术不断地完善和发展，才能更好地满足人们对信息数据的需求。只有全社会共同努力，参与到计算机信息处理技术的发展和研究中，才能保证计算机更好地为社会提供更安全的服务。

第三节　大数据时代的思维变革

随着大数据时代的来临，人类的思维方式也将产生巨大的改变，因此我们必须从以往的小数据思维迅速转换成大数据思维，以适应这场急速的变革。大数据思维具有整体性、多样性等特征，从本质上来说它是一种复杂性思维。大数据思维获得了技术上的实现，因而影响更加深远。

大数据如今成了一个炙手可热的词汇，成了各行各业的人们热烈谈论的话题。种种迹象表明，大数据向我们扑面而来，世界正急速地被推入大数据时代。因此，许多有识之士都急速呼吁要热情拥抱“大数据时代”。随着大数据时代的来临，我们的生产、生活、工作和思维方式诸多方面都将进行大变革，我们将一改往日的小数据思维和眼光，迅速以大数据思维和视角来看待世界，看待社会和生活。

一、大数据引发思维变革

所谓思维方式，就是我们大脑活动的内在程序，是一种习惯性的思考问题和处理问题的模式，它涉及我们看待事物的角度、方式和方法，并由此对我们的行为方式产生直接的影响。人类的思维方式总是受到周围环境和时代背景的影响，在大数据时代，信息储存量之巨大、计算机数据处理能力之急速使得人类在这样的背景下，必然要应运新的思维方式，带来区别于以往的新的思维变革。

探析大数据时代的数据理念，深刻理解大数据时代引发的思维变革，将有助于我们树立大数据思维，踏入新的大数据时代的大门，激发更大的创新创造力。

1.“小”与“大”

舍恩伯格指出，在小数据时代，人们采用随机抽样的方式对样本进行采样收集，分析结果的精确性与采样的随机性有关，其随机性越强，结果则越精确。可以说，在小数据时代，随机抽样利用了整体与部分的关系，部分具有整体的特征，是一种从部分认识整体的方法。因此，随机抽样在小数据时代显得尤为重要，这是在不可能收集和分析全部数据的情况下，所能达到的最完美的结果了。但我们也要认识到，随机采样并不能进行深入的分析，只能在宏观领域上进行一些分析，而忽视细节考察，它是对无法收集全部数据的一种妥协、一种捷径，在我们无法把握全体的时候，对其做一个方向性的把握，有一定的局限性。

而在大数据时代，则是采用全数据模式。在此环境下，我们可以对数据进行深度探讨，我们可以更准确地抓住事物的细节，并且是所有的、全部的细节，这样的样本分析具有更开阔的视野。故而，如果把小样本时代的思维方式称作“以小见大”，那么在大数据时代，我们的思维方式将转变为“以大见小”。

在小数据时代，我们运用简单的因果关系和部分到整体的逻辑在处理问题，永远无法达到样本等于总体的高度，忽略对细节的观察。以往是科技的局限，造成一种只能通过“小”来间接看到“大”的无奈妥协，而如今的大数据时代，使我们有能力“以大见小”，收集全部数据与信息。在大数据时代中，我们将变革以往基于整体与部分关系的“以小见大”的思维方式，转而关注细节，研究各种零碎的、看似无关系的事物之间的联系，在此途中我们也将发现更多被隐藏的商业价值。

2.混杂性与精确性

在小数据时代，我们极力保证收集到数据的质量，不允许错误率，极力追求精确性、准确性，这样才能利用样本容量低的数据来分析问题。在这种背景下，很多科学家们都致力于改善测量数据的工具。就像初中物理课本上写的，测量允许一定范围内的误差，误差是由于测量工具自身的缺陷，减少误差是科学研究的方向，而错误是被严禁出现的，错误是测量者的失误，会导致整个实验结果的失败，可见在小数据时代，我们对精确性的要求之高。

在大数据时代，情况就远不是如此了，在如此庞大规模的数据量的情景下，想要追求所有数据的精确性便有点天方夜谭。在海量数据的冲刷下，错误对我们的影响微乎其微，甚至不值一提，我们不仅要求数据库和算法容忍错误，对精确性做出让步，我们还拥抱混乱，用概率说话。

混乱是数据规模巨大情况下的代价和逻辑前提。大数据时代是接受混杂的，这种混杂不仅意味着繁多的种类，也意味着高容错率。维克多·迈尔·舍恩伯格指出，“只有5%的数据是结构化且能适用传统数据库的。如果不接受混乱，剩下的95%的非结构化数据就会无法使用，比如网页和视频资源。通过接受不精确性，我们打开了一个从未涉足的世界的窗户。”

在小数据时代，错误和混乱可能带来不确定性，其造成的后果我们不得不考虑在内。而当我们进入大数据时代，我们无法做到绝对精确，某些错误和混乱对我们的数据分析也无法造成影响，在这里，宽容错误会给我们带来更多的价值。因此，在大数据时代，我们应当重新审视精确性的优劣，避免小数据时代无限追求精确性的思维方式，学会用概率说话，接受纷繁的数据并从中受益。从过去的追求精确性到如今站在更高的高度来操控全局，接受混杂是标准途径，也是我们通向未来的重要一步。

3.相关关系与因果关系

大数据最大的转变就是不再竭力渴求因果关系，转而挖掘相关关系的价值，即关注“是什么”而不追究“为什么”。这可能颠覆了千百万年以来人类的思维惯例，从古希腊时期的哲学家们开始探究世界本原起，人类社会仿佛就被套上了一层一定要追求事物本质属性的头纱，这是一种探寻事物间因果关系的冲动。虽然我们不能否认因果关系的重要意义，没有因果关系就没有现代先进的科学技术，但在大数据时代，我们需要将目光转换到相关关系上。“相关关系的核心是量化两个数据值之间的数理关系。相关关系强是指当一个数据值增加时，另一个数据值很可能随之增加。”当然在大数据时代并非完全否认因果关系的存在，只是在这个时代，相关关系比因果关系重要得多。

一方面，在大数据时代，我们不需要探究因果关系，只探究相关关系就可以让我们对事物的发展做出科学的预测，并获得商业利益。由于大数据中的“大”不应局限于某一个整体或是某一个系统，更包含与某一整体或系统有相关关系的全部数据。因此，在大数据时代，我们看待事物的视野也应要超越一个局限的环境，看到更多与此环境具有相关关系的事物，虽然可能这些事物之间没有因果关系，但透过相关关系，我们可能发现以往发现不到的更有价值的东西。

另一方面，探寻相关关系仿佛是一种认识世界的新途径，我们不必再通过因果关系来发现事物内在规律，转而可以直接通过相关关系得到我们想要的结果。

比如，我们不需要了解航空公司是怎样给机票定价，只需关注飞机票的价格是否会飞涨即可解决我们的需求。因而，在大数据时代，我们要竭力挖掘相关关系的潜力，转变以往的思维方式，利用相关关系给我们带来的新视角去发现更多的价值。

4.其他思维方式

任何人都生活在一定的时代和环境中，其思考问题和解决问题的习惯和模式都会受到时代和环境的影响，并由此决定他怎样观察和理解这个世界。例如，文艺复兴以来，由于牛顿力学的巨大成功，人们就用牛顿力学来看待一切，似乎世界就像一台巨大的机器，完全可以用牛顿力学的三大定律和万有引力定律来认识和解释一切现象，以至于活生生的人类自身也变成了“机器”，这就是著名的机械论思维方式。

随着Google、百度、腾讯、阿里巴巴等网络公司的迅速崛起以及他们的迅速致富，数据致富成了新的致富神话。山西的煤老板、王石等房地产商、拥有数百万一线工人的富士康公司等，费了九牛二虎之力才取得亿万财富，而这些网络数据商则在短短的几年时间就迅速超越了这些实体公司的财富，并且所费人力、物力和财力甚少。人们现在才如梦方醒，知道了数据在我们这个时代成了最重要的资源之一。数据就是资源，数据就是财富成了迅速深入人心的理念。一切皆用数据来观察，一切都用数据来刻画，一切数据也被当作财富来采集、存储和交易，这就是所谓的“数字化生存”。

人们迅速地以数据的眼光来观察世界和理解、解释这个纷繁复杂的世界，这就是所谓的大数据思维。按照舍恩伯格的说法：“所谓大数据思维，是指一种意识，认为公开的数据一旦处理恰当就能为更多的人急需解决的问题提供答案。”

曾几何时，数据只是刻画世界的一种方便符号，而如今却成了财富，甚至有人提出世界的本质就是数据。因此，随着大数据时代的来临，人类的思维方式必然会产生革命性的变革。这些变革主要表现在如下几个方面：

第一，整体性，即用整体的眼光看待一切，由原来时时处处强调部分到如今强调“一个都不能少”，不能只有精英，而其他只能“被代表”。西方科学从古希腊开始就有寻找“始基”的传统，以牛顿力学为代表的近代科学家们更是擅长分割整体，不断还原，通过研究作为基本构件的部分来把握整体行为，由此形成了西方科学的还原论传统。在还原论眼中，万事万物都可以分解为部分，部分比整体更加重要，只要把握了部分，整体就尽在掌握之中。这些部分也被称为元素，而整体则被称为系统。之所以重视部分，原因当然无非有两个：一是当时的科学还处于刚刚开始的阶段，通过简单的分解就可以取得丰硕的成果；二是当时的处理能力还不足以把握复杂的整体，于是采取迂回的办法，通过分解为更简单的部分来把握复杂的整体。

当整体只由简单的几个部分组成时，当然其所有部分都会被详细研究。但当整体由众多部分构成时，由于处理能力所限，不可能对所有部分进行研究，于是只能选取其中的一些部分，试图通过这些部分来代表全部，这就是统计学中十分著名的样本研究法。为了让这些部分能够代表整体，就有了如何科学抽样的研究。但是，无论如何科学抽样，都有可能走样，部分都未必能够代表整体。于是就有了以系统科学和复杂性研究为代表的整体论兴起以及中国古代整体论的复兴。但无论是西方现代整体论还是中国古代的整体论，其整体都是抽象的整体，无法进行技术操作，只停留在抽象的概念层面。随着大数据的兴起，整体和部分终于走向了统一。大数据理论承认整体是由部分组成的，但面对大数据，我们不能用抽样的方法只研究少量的部分，而让其他众多的部分“被代表”。在大数据研究中，我们不再进行随机抽样，而是对全体数据进行研究。正如维克托所说：“要分析与某事物相关的所有数据，而不是依靠分析少量的数据样本。”“当数据处理技术已经发生了翻天覆地的变化时，在大数据时代进行抽样分析就如同在汽车时代骑马一样。”大数据技术将整体论的“整体”落到了实处，整体不再是抽象的整体，而是可以进行具体操作的整体，而且能够真正体现整体的行为。在大数据时代，不再有“被代表”，整体真正体现了全部，反映了所有的细节。

第二，多样性，即承认世界的多样性和差异性，由原来的典型性和标准化到如今的“怎样都行”，一切都有存在的理由。在小数据时代，人们获取数据和处理数据都不是那么容易，因此要求每个数据都必须精确和符合要求，或者说按照某个格式或标准来采集统一结构标准的数据。例如我们的手机号码、身份证号码都是统一格式的，在人口普查、经济普查等各种普查中，都严格要求按照标准化的格式登记和填写。一旦产生非标准的数据就会当作无用数据而被排除。在计算机的数据结构中，这些标准化的数据叫做结构化数据。然而，在大数据时代，随时随地都在产生各类数据，而且这些数据没有统一要求或标准，五花八门。按大数据的视野看来，这些数据虽然没有标准化，但依然是宝贵的资源，无论是标准的还是非标准的数据都有其存在的理由。“我们乐于接受数据的纷繁复杂，而不再追求精确性。”科学哲学家费耶尔阿本德认为，在科学方法上应该提倡无政府主义，没有标准，“怎么都行”。大数据真正体现了这种科学方法论，也体现了德国哲学家的思想：凡存在的都是合理的。这些数据既然产生并已经存在，就有其存在的理由，就有其合理性。大数据时代真正体现了百花齐放的多样性，而不再是小数据时代的单调乏味的统一性。

第三，平等性，即各种数据具有同等的重要性，由原来的金字塔式结构变成了平起平坐的平等结构，强调了民主和平等。任何系统都有其组成结构，组成系统的各种要素按照某种结构组织起来而形成系统。在大数据的海量数据中，所有的数据更多的是处于平等关系，因此不会特别突出某些数据的关键作用。在大数据时代，群众成了真正的英雄，而不再过分强调精英和英雄的突出地位。

第四，开放性，即一切数据都对外开放，没有数据特权，从原来的单位利益、个人利益变为全民共享。封闭导致混沌和腐败，开放则带来有序和生机。由于处理能力的限制，以往的科学在对研究对象进行研究时，都要把对象与环境隔离开来，就像牛顿力学在做力学分析时那样，这种分离、封闭的方法也深深地影响了我们的思维方式。在社会生活中，我们也是把社会划分为不同的部门或利益共同体，整个社会就由大大小小诸多的部门或利益共同体构成。为了自身的利益，各利益共同体都各自为政，不愿意把信息对外公布和分享。

当然，在以往的社会，即使想跟大众分享，也没有实现分享的技术途径。在大数据时代，互联网、云技术等信息技术为我们提供了便捷的共享手段。遍地可见的电脑、智能手机、摄像头以及其他诸多的信息采集设备和存储设备将海量数据置于公共空间，为公众共享信息提供了基础。因此，大数据时代是一个开放的时代，一切都被置于“第三只眼”中，太阳底下无隐私，分享、共享成了共识，传统的小集团利益被打破，社会成了一个透明、公开的社会。这也符合大众的期望，因为大众就希望通过公开透明来消除因封闭、封锁而导致的腐败，开放、共享带来社会经济的勃勃生机。

第五，相关性，即关注数据间的关联关系，从原来凡事皆要追问“为什么”到现在只关注“是什么”，相关比因果更重要，因果性不再被摆在首位。西方科学传统中，因果性是各门学科关注的核心，古希腊哲学家所谓的本源问题其实就是因果关系问题，物理、化学、生物等学科所得到的所谓规律无非就是各种因果关系而已。在传统科学中，由于科学工具和处理能力所限，只能寻找和处理简单的几个量之间的线性关系。因为每个数据得来不易，所以几乎没有冗余数据，每个量总能找到其前因后果，因而形成一个长长的因果关系链。但是，在大数据时代，由于数据量特别巨大，几乎都是海量，要找出所有量与量之间的因果关系几乎是不可能的，因此只好把它们封装起来作为一个黑箱，我们只关注这个黑箱的宏观行为，不甚关注其内部机制。我们通过比对来发现数据之间的相关关系，找到宏观行为中具有显著相关的数据之间的变化关系。由于这些相关数据之间在黑箱内经过了十分复杂的相互作用，不再是小数据时代的简单、直接的线性因果关系，而是复杂、间接的非线性因果关系，因此大数据时代的相关关系比因果关系更重要。正如维克托所说：“我们的思想发生了转变，不再探求难以捉摸的因果关系，转而关注事物的相关关系。”因此，大数据时代打破了小数据时代的因果思维模式，带来了新的关联思维模式。

第六，生长性，即数据随时间不断动态变化，从原来的固化在某一时间点的静态数据到现在的随时随地采集的动态数据，在线地反映当下的动态和行为，随着时间的演进，系统也走向动态、适应。在小数据时代，采集的数据都是某个时间点的静态数据，比如传统的人口普查，必须规定在某时点开始普查，经历一段时间到某个时点结束，然后用几年的时间来处理得来的静态数据。这些静态的人口数据不能及时反映出每时每刻人口生生死死的动态变化，而是具有很长的时滞性，因此不能反映人口的实际状况。在大数据时代，由于基本上可以做到在线采集数据，并能够迅速处理和反映当下的状态，因此能够反映出实际的状态。

大数据时代的最大特点就是采用各种智能数据采集设备，随时随地采集到各种即时数据，并通过网络及时传输，通过云存储或云计算进行即时处理，基本上不会滞后。此外，由于大数据时代采集、存储、传输、处理、使用数据的便捷性，因此我们可以做到不断更新数据。这些随时间流不断更新的数据正好反映了数据随时间的动态演化过程，这个过程构成了一幅动态演化全景图。这种动态演化图景正好反映了数据的生长性。此外，系统可以根据即时的动态信息来随时调整系统的行为，从而体现出系统的适应性。

二、大数据思维是一种复杂性思维

大数据思维从诸多方面都体现了思维方式的重大变革，代表着思维发展的新方向。不过，顺着时间的脉络和思维的逻辑，我们很快就会发现大数据思维与世纪之交兴起的复杂性科学和复杂性思维具有极大的相似性，更极端一点来说，大数据思维从本质上来说就是复杂性思维。

复杂性思想古已有之，古希腊的亚里士多德以及整个古代哲学都具有复杂性思想。黑格尔和马克思、恩格斯更是以辩证法的哲学形式加以表达，但复杂性科学却一直等到20世纪90年代才兴起。美国三位诺贝尔奖获得者因为不满现代科学的学科分裂，在新墨西哥州发起成立圣菲研究所（SFI），以便弥合学科裂缝，整合科学资源，特别是试图从思维方式和科学方法论上超越长期以来占统治地位的机械思维和还原论方法。所谓复杂性科学并不属于某一门新学科，而是一种科学新思维和新方法论。复杂性科学认为，自然界和人类社会纷繁复杂，并不像牛顿力学等近现代科学所认为的那样简单。大自然和人类的思维、行为并不完全严格按照线性因果关系来组织和行动，更多情况是随机、自由或非线性、多样性的。传统的机械自然观和还原方法论把一切对象都当作一架静止的机器，可以随意拆卸和组装，而且最终可以还原成某个基本原件。复杂性科学则持一种有机自然观，把一切对象都看作是有生命的、会生成演化的系统。即使是最简单的几个要素，经过非线性相互作用，都有可能涌现出复杂的行为。正因如此，我们不能根据简单因果关系来推导系统的行为。这也就是说，因为非线性相互作用，简单要素经过分岔、突变，会涌现出复杂多样的斑斓世界。

牛顿力学、爱因斯坦相对论等传统的学科都基本上基于机械思维和还原方法论，因此全部被称为简单性科学。简单性科学与复杂性科学在世界观、本体论、认识论与方法论等诸多方面都有着革命性的差别。用美国科学哲学家托马斯·库恩的话来说，它们属于不同的科学范式，而且相互的通约性比较小。也就是说，从简单性科学到复杂性科学，是科学范式的不同转换，是典型的科学革命，其本体信念、认识趣向、共有价值、方法特性诸多方面都发生了根本的变化。

可以说，小数据时代属于简单性科学时代，而大数据时代属于复杂性科学时代，它们之间有时重叠交叉，有时各自发展。数据观的变革主要与信息科学、信息论、计算科学以及人工智能相关。随着计算机技术、网络技术的发展，数据处理的技术和能力有了翻天覆地的变化，从而引起了从小数据到大数据的革命性变革。可以说，数据观的革命主要是因为技术革命引起的，因而大数据最突出的表现是数据处理技术的革命性突破。正因为如此，大数据技术对百姓的生活、工作与思维产生了巨大的影响。从简单性科学到复杂性科学的科学观变革主要与系统科学、系统论以及其他科学相关，它更多属于科学思想观念和哲学思维等理念层次的变革，因而更多表现在各门学科的科学观念的革命转变上。因此，科学观从简单性到复杂性的变革虽然也是一场革命，但它对生产、经济，以及百姓的日常生活影响没有那么巨大，主要局限于科学和哲学等学术领域。

由此，我们可以说，从简单性科学到复杂性科学的革命，与从小数据时代到大数据时代在本质上是相通的，不过前者更多地表现在科学层面，而后者主要表现在技术层面；前者更多局限在思想领域，后者则直接对我们的生产、生活和思维产生了全方位的影响。因此，大数据技术革命与复杂性科学革命既有区别又有联系，但它们在思维变革方面是基本一致的。

三、结束语

如今，互联网已经渗透到千家万户，数据也就在这普及率极高的互联网畅通无阻地传输，无处不在的社交网络、移动物联产生了难以想象的海量数据，大数据时代就在这样的环境下孕育和成长。当下火爆的云计算、大数据金融给我们带来了新的商业变革，而这一切都只是刚刚开始，在大数据时代，我们首先需要改变的就是在小数据时代根深蒂固的思维方式，转变了思维方式，新的、更大的商业变革就会随之即来。

本节详细介绍了大数据时代的三种思维方式变革：追求全样本而不是抽样小样本、混杂性而不是精确性、相关关系而不是因果关系。但其实这三者之间也有着辩证统一的关系。在大数据时代，我们采用的是全数据模式，即样本等于总体，在这样的全数据模式下，必然会有混乱性，必然做不到完全的精确性，因而接受混乱、容忍错误率是大数据时代的代价也是逻辑前提，在大数据时代下，混乱不仅不会给最终的结果带来多大的偏失，反而会给我们带来更多的价值。重新审视精确性的优劣，接受纷繁的数据并从中受益是大数据的一种标准途径。

同样，在大数据时代，我们摒弃了小数据时代由于科技局限造成的只能以“小”间接看到“大”的无奈，变革了小数据时代基于简单因果关系和部分到整体的“以小见大”的思维方式。在全样本分析时代，我们站在小数据时代永远无法达到的高度，在这样可以俯瞰一切的高度上，我们开始关注细节，开始更多地对相关关系进行探寻而不仅仅是对经典因果关系的渴求。在大数据时代，探寻相关关系足以可以让我们对事物进行预测，同时，关注“是什么”而不追问“为什么”也是一种新的认识世界的途径。

一场轰轰烈烈的大数据革命正在兴起，它必然会带来思维方式的变革，进而引发商业变革，改变人们的学习和生活方式。我们的思维活动可以影响生产生活活动，并且思维自身的发展也将受到自然界和时代环境的不断影响。大数据时代的思维变革，给我们带来新的机遇，同时也带来更大的挑战。大数据时代正乘着烈风呼啸而来，以往的一些东西正在慢慢消散，一场变革悄然而起，我们拭目以待。

第四节　大数据时代的机遇与挑战

随着大数据时代的到来，信息技术已经被应用到了各个领域，可以说大数据时代是一种高科技时代的产物，使人们的交流更加密切，生活也更加方便。但是大数据时代的到来给社会发展带来了很大的机遇，同时也带来了很大的挑战，因此信息安全性的不足一直是人们关注的焦点，所以保证大数据时代的信息安全十分重要。

近年来，网络信息技术的发展极为迅速，大数据时代的到来已经被人们所接受。但是大数据时代也同样面临着严重的信息安全挑战，大量的信息泄露给人们带来了很大的损失，因此，就应该不断加强信息技术安全建设，来面对大数据时代下信息技术安全带来的全新挑战。

一、大数据时代所面临的机遇

1.提高了信息利用率。大数据时代给信息技术发展带来了新的机遇。人们对信息技术的运用已经不再停留在对数据的储存和传输方面，逐渐开始转向对数据的利用和挖掘的领域上，在很大程度上提高了信息的利用价值。与传统据结构相比，大数据时代的到来，让各个领域都开始对信息的利用率更加重视，只有充分地掌握信息的利用价值，才能够在日后的竞争市场中获得一席之地。

2.对信息安全带来的机遇。随着大数据时代的到来，网络信息安全同样给社会造成了很大的影响，人民和国家财产都受到了不同程度的损失。因此，为了有效解决信息技术带来的损失，越来越多的企业开始研发信息安全保护工具和软件技术，如：百度卫士、360安全卫士、金山卫士等，用来适应这种大数据时代带来的挑战，这样在很大程度上促进了信息技术安全领域的发展。

3.促进信息安全技术的发展。大数据时代使信息安全技术的发展也同样波及很多领域，而主要产品形态基本上可以分为硬件（银行卡的网银U盾）和软件

（密码口令）两种。根据我国信息安全技术发展的现状来看，最为显著的就是商业智能化和信息安全化，尤其是云技术的应用，它能够为金融行业和商业的信息安全提供好的保障，具有巨大的发展潜力，从而有利于信息安全技术的发展。

二、大数据时代所面临的全新挑战

1.增加了个人隐私泄露的风险。在大数据时代下，人们每天都会使用计算机网络和智能手机3G/4G网络，通过QQ、微信、微博等软件进行信息交流或信息存储，而在这个过程中会产生大量与自己相关的隐私数据。而随着大数据时代的发展，也增加了个人隐私泄露的风险，一旦泄露了这些信息，可能会给个人带来严重的损失，而对于企事业单位，则可能造成公司破产。例如：现在的年轻人都喜欢网上购物，很多网站都要求实名制，并且绑定自己的银行卡和身份证，但是一旦被不法分子钻了空子，利用别人的信息去做违法犯罪的事情，就会对本人带来很大的危害。

2.给信息储存带来问题。在大数据时代下，由于很多信息都被储存集中到了一起，通过计算机网络可以有效地进行查询和提取。但是同样也面临更大的威胁，由于查询权限设置的问题，信息泄露的风险就会大大增加，这也在一定程度了提高了维护信息的难度。虽然目前很多企业都已经推出了信息安全保护软件，但是在大数据下，并不能保证信息安全就一定不会出现问题。

3.被应用到信息网络攻击中。在大数据时代下，市场竞争日益激烈，很多企业为了获取更有价值的信息不择手段，通过网络黑客利用大数据的漏洞使用网络信息技术对其他企业进行攻击，从而窃取到企业的经营信息、客户群体、商业信息等内容，从中获取巨大的经济利益，给市场经济造成极大的混乱。

4.可作为持续攻击的载体。在大数据时代下，黑客能够很好地对自己进行隐藏，从而可以对其他系统进行反复的攻击，而传统的检测方式根本无法找出黑客的具体行踪，因此黑客抓住这一漏洞就可以对用户实行可持续攻击，简称ART。而ART是隐藏在大数据中的，而通常的检测识别一般存在滞后性，所以很难发现ART攻击。并且ART具有多元化的攻击渠道，只建立一张防护网是无法做到对ART攻击进行全面防护的，同时这种攻击还会使用户系统造成瘫痪，会损失大量有价值的数据文件。

5.行业挑战。大数据带来了社会的深刻变革，很多行业面临转型与洗礼。如体育赛事、股票市场、市场物价、用户行为、疾病疫情、灾害灾难、交通行为、能源消耗等领域，大数据的预测让人类具备可量化有说服力可验证的洞察未来的能力，大数据预测的魅力正在释放出来。

6.社会道德挑战。大数据一方面给人们带来了广泛的社交信息交流，另一方面给人们利用大数据进行破坏活动的机会。据统计现在离婚率高达38%，社交的广泛性起了很大的作用。另外，有人利用他人信息进行诈骗活动，社会道德面临挑战。

7.法律漏洞。现在我国信息方面法律不健全，很多是空白，法律的漏洞可能让人们肆意地利用大数据技术做损害别人利益的事情，打法律擦边球。大数据给法律带来了挑战。

8.国家安全。信息是国家的一条命脉，当信息流失，被他国掌握及利用，就会有严重安全风险。现在电子设备利用非常广泛，信息交流非常频繁。前段时间爆出苹果手机内给美国情报部门留有后门，如果这巨大的信息被他国掌握，不只个人隐私侵害，更是对国家安全的践踏。

三、大数据时代信息保护的对策

1.不断完善信息安全系统。从我国互联网信息安全技术的发展现状来看，大数据处理技术已经成为互联网发展中的新型处理技术。我国掌握这种技术的时间不长，互联网信息安全方面的法律法规还不够完善。因此，在实际安全建设中，就需要调动政府的积极性，把大数据信息安全问题列入安全建设当中，并且不断加强对大数据信息网络安全研究的工作，同时还要培养数据安全技术人员，这样才能促进我国提高数据安全技术水平，保障我国和人民的信息安全。

2.加强可持续攻击问题的处理。针对大数据的可持续攻击的问题，要全面加强安全防御工作，利用大数据对ART进行各层面、各阶段全方位的数据信息处理检测，并且对不同层面和不同阶段中产生的不同数据进行分析，从而制定出科学、合理的保障系统。同时还要及时修补大数据信息处理中存在的漏洞，提前判断黑客的攻击，制定有效的防御措施。另外还要灵活地运用检测和防御手段做好日常系统维护工作，从而保障信息系统的安全可靠。

3.加强大数据监督管理。由于大数据含有的信息数量非常庞大，存在很多有价值的信息，这也是黑客攻击大数据的主要目的，所以就要加强开展大数据的监督管理工作，尽可能地解决大数据中的信息泄露问题，加强有价值信息的重点保护，才可以有效地预防信息泄露带来的损失。

4.加强安全防护工作。仅仅利用大数据对信息安全进行检测还远远不够，同时，还要经常对数据信息进行整理和分析，根据具体情况使用适合的检测办法来对数据进行严格的检测，从而分析出数据信息的安全性是否可靠，并且对信息的重要性进行分析，做到灵活运用信息防御手段。另外，大数据的数据量十分庞大，防护工作绝不是一朝一夕就能完成的，只有在日常维护中不断地发现存在的异常问题，并且进行不断的分析和总结，才能有效地降低信息安全中出现的风险问题，这样才能在最大限度上减少信息安全隐患的发生。

5.制定国家信息安全战略。当今世界各国深刻变革，纷纷打响信息战，国家安全问题越来越紧迫。我们应该制定国家层面的信息安全战略，全面统筹国家的信息安全。

6.制订总体的发展战略。面对新的浪潮，我们不能被迫等待，应该主动行动，把握机遇，制定总体的发展战略，全面科学地进行引导、推动大数据的浪潮，使其成为我们快速崛起的推力。

7.前瞻性地发展大数据技术。我们应该前瞻性地开发相应的技术，利处充分利用，弊处尽量在技术层面加以阻止。前瞻性地发展大数据技术，可以让我们在大数据潮流中夺得先机，科学、有益地规范和利用大数据。

8.建立大数据人才队伍。现在的竞争是人才的竞争，印度通过普及IT教育使其成为了世界办公室。目前，数据产业链的不断壮大，相应的人才缺口越来越大，如数据科学家，仅仅在几年前，还不是一个正式的职业，然而一眨眼就已被誉为“今后10年IT行业最重要的人才”，据统计现在的数据科学家已经缺口几十万。

9.推进各行业的变革和转型。各行业要进行适应性的变革和转型，停滞不前的旧模式会被淘汰。推动各行业的变革已势在必行，各个企业要制定各自的IT战略，结合自身实际进行大数据的开发利用，并进行战略协作。

大数据时代信息安全的发展机遇与挑战并存。国家和人民都要正确地看待信息安全的重要性，要不断完善科学、合理的信息安全管理体系，加强对大数据网络信息安全的研发工作，同时还要积极培养信息安全技术人员，只有这样才能提高我国信息安全管理的整体水平，从而减少风险给国家和人民带来的经济损失。

第二章

高等教育研究

第一节 高等教育之现状

近几年来，我国高等教育飞速发展，取得了举世瞩目的成就，同时，也由于发展过快，还存在着许多待解决的问题。笔者立足实际，分别从我国高等教育的层次结构，公平性以及法治化几个方面分析我国高等教育的现状问题，为构建和谐的高等教育，并促进我国高等教育可持续发展提供参考。

一、当前高等教育存在的问题

随着我国对外开放进一步深化，我国高等教育与发达国家的高等教育相比仍有许多不足之处，主要存在于以下几个方面。

（1）大学生数量的增加与质量不成正比。随着我国高等教育大众化的普及，高校招生人数逐年攀升，我国在校大学生人数稳居世界大学生在校人数中的榜首，但与此现象相反的是，优秀人才的产出量并未与其招生人数呈现正比增加，反而出现滑坡现象。随着高校扩招，高校录取分数不断降低，生源质量参差不齐，导致其整体素质也很难有所提高。

（2）高校办学理念落后于时代发展需求。随着全球化的进一步发展，我国对外开发逐步深化以及科技发展需求，对高科技、创新型、复合型人才的需求日益增大。而我国大部分高校至今还保留着多年落后的教育管理方式，对学生们进行填充式教学，甚少在课堂上互动，有的学校更是由于经费有限，限制了学生们的动手实践能力，将实验室等束之高阁，当成摆设，学生的创新能力受到了不同程度的束缚。

（3）民办高校数量少、发展畸形。纵观国际高等名校，民办高校的数量数不胜数。而在我国高质量的民办高校凤毛麟角，而高等教育的国际化、产业化是时代的大背景，民办高校在我国近几年也开始兴起，但发展速度和发展质量、生源情况却着实令人堪忧，我国民众对于民办高校的认可度较低，甚至存有一定的偏见，使得民办高校在一段时间内很难招收到好的生源，对其自身的发展也出现了一定的阻碍。

（4）高等教育体制不能适应市场经济发展的要求。我国实行改革开放政策几十年，社会主义市场经济体制逐渐成熟和完善，现有的国有、公有企业单位的基本上是按现代企业制度运作，根据市场需求（而不是根据行政命令）来决定产品的生产和销售，多样化、可变化、市场化基本成为我国现在企业的基本特征。政治体制方面，建立并逐渐完善公务员制度，取消了干部终身制，以适应社会主义市场经济发展的要求。而我们的教育体制——尤其是高等教育体制，并没有发生根本性的变化，统一的、计划的成分在我国现今高等教育体制上仍占主导地位。

高度集中统一的管理导致高等学校的人才培养目标、教育观念、教育内容、教育方式方法都是统一的，仍然沿袭着计划经济时教育体制和运行机制。从大学入学考试——高考开始，全国（或全省）统一命题、统一阅卷评分、统一标准录取。录取入学以后，除专业内容外，其他诸如思想品德、管理规范、评优罚劣标准等几乎都是一个标准。“因材施教”“以人为本”只能停留在理论之上、理想之中。大学里的思想品德课、政治理论课和其他文化课相同的讲授方法——“满堂灌”。教务管理、学生管理、后勤管理都是用一把尺子来衡量学生的优、劣，用统一的模子铸造了并且还在铸造着统一规格的“产品”——大学生。在计划经济时代，学生的就业与学校无关，均由国家教育行政部门统一计划安排就业。即使现在，国家规定大学生就业实行双向选择、自主择业的情况下，有一些学校仍把大学生的就业寄希望于教育行政部门的统一计划和分配，并且有一些地方的教育行政部门仍把办理大学生就业手续当作一种权力，而不是服务，人为地制定某些限制条件，给学生就业带来了许多障碍。在这样的观念和制度的影响下，大学生也就形成了基本统一的思想观念、思维方式，如果稍有和多数人不一样的地方，同学就会认为你另类，老师会认为你是个坏孩子（最少也会认为是不听话的孩子）。在这种环境中成长，最终会形成异常的品性。

（5）大学生思想品德教育注重理论讲解、文化知识的灌输，而远离现实生活。我国现在大学教育的缺陷在于，我们的教育内容是不均衡的，从某种程度上看，只偏重于智力教育，忽视了其他方面，比如人格教育、情商教育、人生教育，还有道德、法律等方面的教育。大学生思想品德课的开设，目的是要让学生树立科学的人生观、世界观和价值观，使学生养成良好的性格和心理素养。然而，现今我们大学中的思想品德课却更多地是注重知识传授、文化灌输，很少贴近生活，学生学习这些课程的目的也只是得到一个学分，老师讲授也只是为了完成教学任务。长期以来，计划经济的客观运作使人们的思想道德观念在很长时间内处于僵化的状态，对道德教育按照统一模式进行接力传递，这种惯性在改革开放的今天仍没有根本性的改变。

（6）重知识、理论的传授，轻社会实践；重权威学说，轻批判反思；重封闭、保守，轻冒险、创新。我国的高等教育系统中，改革力度之大、改革决心之强是前所未有的。然而，我国的大学教育至今还没有彻底脱离过去的老路。成绩的好坏是以后找“工作”的主要依据，成绩和表现的好坏又是评三好学生、评奖学金、入党的依据。我国大部分高校实行了学分制，同时实行了（或部分实行了）选课制，部分有条件的学校开始试行弹性学制，这些措施的实施，给了学生们一定的选修课程的自由。然而，纵观我国现今的学分制，和过去的百分制相比并没有本质的区别，只不过是两种评价标准之间的数量上的转换而已。很多实行学分制的学校的大学生，即使提前修完应修的学分，也要到了某一固定年限才能毕业，僵化的教务管理只能使新的制度停留在新名词的变化上。学生在就学期间中途停学参加社会工作几乎是不可能的，大学生们在校期间，除了学习文化课之外，很少有机会走向社会、参加社会性实践活动。即使学校安排一些诸如参观、见习、实习等接触社会的活动，大多也由于时间短等原因而流于形式，真正能参与实际工作当中的活动是微乎其微的。

我国高等教育体制教育出的学生习惯了老师讲授，自己接受，考试倒出，考完忘记的基本的学习程序。不论是文化知识还是理论观点，一律是这样的程序。几千年的传统人们已经习以为常了，如有人提出不同意见（无论是学术上还是实际工作中），反而会让人觉得你大逆不道，轻则表示不赞成，重则就众怒而共讨之。而国外的学生从小就培养独立思维，独立思考问题，可以发表自己的不同看法。这样看来我们的博士生缺乏创新也就不为怪了。

二、高等教育现状研究

1.高等教育层次结构现状

（1）进展。经过多年的改革和发展，我国已经形成了比较完备的高等教育层次结构，专业人才培养由专科、本科到各级研究生教育，已成体系，高层次人才培养已基本上能立足于国内。我国高等教育开始了大众化进程，高等教育事业取得了显著成绩，普通高等学校在校本、专、研究生人数大幅增长。高校的办学潜力得到了充分发挥，办学效益大幅度提高，层次结构也发生了明显的变化。层次结构多样化、复杂化，出现了准学位，如双专科（相当于本科）、双学士（相当于研究生）等高等教育学位交叉形式；组成层次结构中学历教育制度外还有非学历教育，学位教育制度中出现学位后教育制度，如博士后。可以及时了解和掌握学术前沿动态等，满足继续教育和岗位知识的需求。

（2）存在的问题。我国高等教育层次正在不断完善。但是，专科生和本科生之间的比例相差仍然不大。另外，研究生尽管近几年每年以30%～40%的比例扩招，但与我国蓬勃发展的社会、经济、科技等对高层次人才的需求来说，规模仍然较小。由此可见，我国虽然在规模上达到了“大众化”，但各层次比例并没有调整到合理的水平。2016年招生研究生（包括硕士、博士）72.6万人，本科、专科及高职人数890万。

通过对已经走过大众化发展道路的国家进行分析，可以发现其高等教育层次体系都有这样的特征；保持本科教育稳步发展；大量扩展专科层次的高校；同时积极发展研究生教育来满足高科技发展的需求。相比之下，我国的高等教育层次却形成了一个两头小中间大的不合理的模式。

2.高等教育公平性现状

教育公平问题存在于整个人类文明史中，也存在于世界的各个角落，人类文明在对教育公平问题的不断改善中，逐渐走向更文明更进步的阶段，它是推动人类进步的问题之一。教育公平可以采用以下的定义界定：教育公平，是对教育资源进行配置时，国家所依据的原则或规范，它必须是合理的。合理，就是说在一定的社会条件和资源条件下，教育资源的配置要符合社会中的每个成员的需求和发展，与社会整体的稳定和发展相适应。

教育公平包括三个不同的层次，即起点公平、过程公平以及结果公平。起点公平，是指应该保证每个人都有平等地接受教育的条件和机会。过程公平，是指每个人受教育的条件和机会相对平等。结果公平，是指教育的效果和教育成功的机会相对平等，也就是每位学生在接受了同等水平的教育后可以达到最基本的标准。这一层面的公平包括教育质量均等、教育目标平等、学生的学业成绩公平。教育公平是与所处的社会形态和社会发展阶段是相适应的，它的发展具有一定的相对性和局限性，但是追求教育效率与教育公平是统一的两个方面。

当前，我国正处于经济发展和社会转型过程中，城乡差距、地区差距、阶层差距等仍在加大，这些因素也成为影响社会公正、影响教育现代化的突出问题。教育公平是社会公平重要组成部分，高等教育公平跟其他的公平相比可能更重要，因为它能促进在拥有更多发展机会上的公平，最终实现社会公平。

（1）区域差异。我国高校主要分布在经济、文化较发达的地区，而西部边远少数民族地区的高校则较为稀少，高等教育资源分布不均，国家教育投入偏向于高校较多的地区。根据教育部公布的全国普通高等院校名单统计，现全国共“211工程”国家重点建设高等学校107所，北京、上海、江苏三个省市就占了40.19%，而西藏、青海、宁夏分别只有本科院校3所、3所、5所，“211工程”国家重点建设高等学校一所也没有。

（2）高等教育区域间就学机会差异。我国现行的统一高考制度具备了形式上的公平，即分数面前的人人平等，而在实际录取过程中采取的是分省定额、划线录取的办法，出现了不同省市的学生录取分数线的很大差异，高等教育资源丰富的地区“低分数线，高录取率”，而高考大省、生源大省却是“高分数线、低录取串”。近年“高考移民”现象之所以屡禁不止，究其根本，就是区域间的就学机会差异。

（3）阶层差距。随着在近年来的社会转型中城乡差距、贫富差距逐渐拉大，我国社会阶层逐渐分化，成为我们观察公平问题的另一个重要视角。高等学校在校学生中的阶层差距逐渐扩大，成为显著的问题。由于高等教育属非义务教育阶段，实行收费，校园中出现了一个不断扩大的贫困生阶层。

（4）高等教育起点的差距。虽然我国法律规定我国公民具有依法平等接受高等教育的机会，但是从具体方面来看，不同地区、不同经济条件的公民所可能接受高等教育的机会差异较大。在我国一、二线城市中，许多中学具有免试推荐学生入读大学的资格，学生还可以通过参加自主招生、竞赛等进入心仪的大学，不必经过高考这座独木桥。在大型城市中，这类机会较为多见。另外，国家投资重点建设的学校，在学校所在地的招生数量与生源地人数之比远高于其他省份，例如，北京学生考取北大的比例以及上海学生考取复旦的比例均高于全国其他地方。高等教育学校的门槛不仅在于高考成绩，另一个较大的门槛是高等教育的收费。高效的收费标准明显比义务教育阶段偏高，使得一些无法承担学费的学子被挡在了高校大门之外。

由于我国的城乡收入差距不断拉大，农村居民的收入水平较低，高校的收费标准明显在农村居民的承受范围之外。这一现象使部分农村学子背负上巨额的债务，也迫使部分家境不好的农村学子被迫放弃高等教育，选择一些收费较低，但教育质量较差，教育资源较少的学校。我国的城乡差距逐渐拉大，使得农村子女无法和城市子女站在同一个起跑线上发展、竞争。

（5）高等教育发展的差距。在发达国家，教育经费的支出平均占国家GDP的6.2%，在发展中国家，其教育支出平均占国家GDP的4.0%。作为发展中国家，我国的教育经费占GDP的比值低于2%，低于发展中国家的平均水平。我国的教育投入在地域上和不同高校之间并不均衡，影响了高校的教育资源分配和教学质量，间接学生的教育过程和教育结果造成影响。首先，高校的分布范围不均，东部集中了更多的高水平高校，而中西部地区的高校密度明显较低。并且国家重点建设的高校往往集中在少数几个大型城市。其次，被列入“211工程”及“985工程”建设的学校往往享有更多的教育经费，而其他高校获得的经费变少，使高校间的资源配置更不均衡。

（6）高等教育结果的差距。重点大学往往分布在较为发达的城市中，地方政府对高校的扶持力度较大，更值得注意的是重点高校获得的国家资金支持更多，因此，重点高校比普通高校在师资、图书资料、教育经费、仪器设备等方面的资源更多，质量更好。由于重点高校具备很多优势，也就具有更多的发展机会，这使得学生和家长将更多地关注聚焦到重点高校之上。但由于高校的资金需求较多，因此政府采用市场调节的机制对教育资源进行配置，这种竞争看似公平，实则隐藏着问题。比如，普通高校和重点高校由于师资不同、实验设施不同，往往在资金和课题的竞争上不敌重点高校。这种制度使得地方高校和民办高校在教育资源的竞争中处于劣势。

3.高等教育法制化现状

我国高等教育立法起步于改革开放以后，20多年来，国家先后制定了《中华人民共和国学位条例》《教师法》《教育法》《职业教育法》《高等教育法》等与高等教育有关的法律法规。这些法律的颁布和实施确立了我国高等教育的基本制度，结束了高等教育领域长期无法可依的局面，为我国高等教育事业走上法制化轨道奠定了基础。然而，我国高等教育法治建设还存在着诸多问题。

（1）高等教育行政色彩浓。高等教育的这种转变与社会发展的脉动并不一致，而是落后于社会发展——行政化倾向浓厚，法制化程度较低。教育行政主管部门始终把高等学校看作它们附属的事业单位，这表现在政府对学校的定位、学科的审批、校领导的产生和任用、职称的评定、项目的审批、财政拨款的额度，甚至学生入学标准、博士点的审批等事关高等教育大局的诸多方面，行政权要么直接作用，要么虽然程序上经过专家投票，完全代表行政部门意愿，学术评价沦为行政权力的附庸。

（2）法律体系不完善。改革开放以来，我国高等教育立法经历了从无到有的发展过程，但远没有形成上下协调一致，内容系统完备，操作性强的高等教育法律体系。

近年来，我国高等教育经历了一系列重大改革，这些改革在《高等教育法》中可以找到原则的规定，但却找不到具体法律的指引与保障。在高等教育发展迫切需要的时候没能及时制定或修改相关法律，没能使改革拥有法律上的效力和依据。

第二节　高等教育之管理体制

人类社会处在不断的发展进步中，高等教育体制也应当随着社会环境的变化而变化。高等教育管理体制在高等教育众多体制中占据着核心地位。它对于提高高等院校优质教育资源的配置、健全和优化高等教育体制有着重大的现实意义。

一、高等教育管理体制改革与创新

1.高等教育管理体制概述

理论是人们行动的指导，人类的实践活动又反过来对理论进行验证和修补。正确的理论可以指导人们在实践中少走弯路。所以，要对我国高等教育管理体制改革和创新进行探讨就必须先正确认识高等教育管理以及我国高等教育管理体制改革的现状。

（1）高等教育管理体制的含义。高等教育管理就是指高校或者地方政府在国家有关教育的法律法规指导下为了达到一定的教育目的而对高等教育各个方面作出的计划、监督等。高等教育管理可以分为宏观管理和微观管理两个方面。对于高等教育管理体制的定义， 综合来说，教育和管理专家们对于政府是高等教育管理的主体、高校是高等教育的客体上具有一致的认识。高等教育管理体制是社会经济、文化发展到一定程度的结果，它反映了一个国家的教育管理水平高低。笔者认为随着社会的不断发展和我国市场经济的不断完善，高等教育管理体制一定会将吸收别国经验同我国实际情况结合起来进行新的变革。笔者认为高等教育管理体制的含义就是：国家管理高等教育事业的组织体系和相关制度的总称。

（2）高等教育管理体制的类型。从传统上来说，高等教育管理体制的类型就是指国家用什么样的方式来管理高等院校，使保证高等院校在符合国家利益和观念的正确轨道上发展。根据教育管理权限和划分方式的不同，我们可以将世界上所有的高校管理体制划分为三种类型。即：中央集权制、地方分权制及地方合作制。这三种高等教育管理体制各有特点，下面就对这三种高等教育管理体制做简单说明。

①中央集权制，顾名思义就是指中央领导机构全权管理高等教育，地方政府具有的管理权力很少。中央所出台的有关高等教育管理的规章和制度具有最高的解释权，地方所出台的教育管理制度仅仅是对中央出台制度的进一步解释和说明。中央集权制有利于统配全国的教育资源，容易做到平衡各个地区的教育水平，在相当程度上达到全国范围内教育资源的公平。缺点就是中央集权制不容易让人们认清地方的实际情况和优势，这种不加区别地对待每一个地方的教育资源的方式使得集权式的教育管理体制缺乏应有的弹性，不能根据一个地方的实际情况做到因地制宜。再者，由于涉及的地区众多，情况复杂，中央集权制这种教育管理方式若想进行变革就必须综合考虑到各个地方的众多因素，所以中央集权制的高等教育管理体制在进行变革时将会不可避免地面临巨大的阻力。

②地方分权制。采用地方分权制的国家其地方政府或者公共团体具有完全的高等教育管理权，中央政府对各个地方的高等教育管理体制不再干涉，只是通过法律、高校评估等手段将中央政府的各项政策渗透到高校中。而对高校的实际管理权则由地方政府控制。这种管理体制的优点是各个地方政府可以根据地方的实际需要和特色对高校进行管理，更加具有针对性。但是这样一来，高校管理权力就分散了，国家中央机关所制定的方针政策在高校中的落实就可能不及时，容易造成政令不一的情况发生。

③中央与地方合作制。中央与地方合作制具有地方分权制同中央集权制两个教育管理制度的共同特点，但在权力分配、彼此制衡与相互衔接上存在着很多问题。

2.高等教育管理体制改革现状

（1）我国高等教育管理体制改革取得的成就。经过几十年的不断改革，我国高等教育管理体制的发展所走的道路曲曲折折，但也取得了相当的成就。当前，中央政府通过简政放权将所属中央的高等院校的统筹权下放到省级管理部门并增大省级政府对高校的决策权。这样就使得省级政府的规划更加便捷、合理，能够让省政府根据自身的实际情况来合理地发展适合省情的高等教育。我国高等教育管理提示改革取得的主要成就有：中华人民共和国成立后中央政府对高等院校的管理大包大揽，制定出了少数不切合实际的管理制度。改革开放以来，随着我国高等教育管理体制的不断改革，中央政府对高等教育管理体制慢慢地由以往的微观、全面的管理向宏观管理方向转变。在这个大环境下，高等院校自主办学的权力在不断地扩大。在高等教育改革的过程中，尽管中央将全力不断地进行下放，但是中央仍然保留着规划全国高校发展方向的宏观意义上的权力。与此同时，地方政府管理高校的权力以及高校的自主权力在不断地增大。

（2）我国高等教育管理体制改革的经验。高等教育管理体制的改革为现代中国高等教育各个方面改革的核心。在几十年改革进程中我们取得了多方面的经验。一是认识到高等教育管理体制改革的正确方向是确保我国教育事业顺利改革的关键。二是改变以往就事论事的错误观念，管理体制应当同现代教育的发展理念以及国家发展的大方向、大格局联系起来，使得高等教育管理体制同我国的经济发展协调起来。根据我国高等教育管理体制中存在的缺陷和漏洞有针对性地进行改革。改革进程应当与严格的制度执行机制以及奖励和惩罚机制同步发展。由于我国各个地区的经济发展以及地理环境的制约程度不同，所以不同地区的高等教育管理体制应当根据本地区的实际情况做一些简单的调整。就整体上来说，国家教育管理部门应将全国的教育管理系统视为一个有机的整体，探索适合当前中国经济转型和中国特色社会主义建设的高等教育管理途径。此外，由于我国高校同政府之间的联系非常密切，所以对政府和高校之间的关系进行改革需要注意以下几方面：

①打破政府对高校管理得过严、过死的局面。在高校同政府管理部门之间建立一个适当的管理缓冲地带，但是主要不要形成政府管理的盲区。

②政府应当将自己的管理角色重新定位，改变以往单纯管理者的身份，向着高校发展的协同者、引路人方向转变。政府应当在一定程度上给予高校自主发展的权力，与此同时还应当让高校承担一定的社会责任。比如由于近些年来高校盲目扩大招生规模使得高校学生就业难问题越来越突出。在这个问题上，高校的责任是无可回避的。

③建立一套完整的政府调控方式。通过对高校进行奖励或者惩罚的方式来协调高校在发展中所遇到的问题。

（3）我国高等教育管理体制改革中存在的问题。我国经济的快速发展给人们思维方式带来的影响是巨大的，由于我国还是一个发展中国家，所以我国高等教育管理体制还不如发达国家完善。我国经济同高等教育发展不协调的境况决定了我国高等教育改革的必要性，在改革的过程中所带来的问题可以归纳为以下几个方面。一是管理体制问题。改革开放以来，虽然我国政府在对待市场经济问题上管理体制处理得十分到位，但是高校管理体制同市场经济的发展不协调。二是当前在高校管理机制中仍然存在着集中领导协调难，分级管理放权难的特征。当前我国的高等教育管理体制依然具有计划经济的残留影响。三是学校对于政府的习惯性依赖还存在着。对于高校管理部门以及政府部门来说，以往的政府包办一切、政府无所不能的思想还在一定程度上存在着，这些管理部门的服务意识并没有得到有效的加强和改善。这样一来，政府管理部门容易对高校发展的大形势和大方向产生误判，将高校的发展推向一种危险的境地。

3.高等教育管理体制的创新

（1）构建“三位一体”的新理论基础。世界上没有一个国家经历过与他国同样的高等教育管理改革，这是因为每一个国家的历史背景和经济发展都有着很大的不同。就中国来说，结合中国的国情构建起来一种“三位一体”的全新理论基础来支撑我国高等教育管理体制的改革至关重要。

邓小平作为我国改革开放的总设计师在经济方面有许多精辟的见解，同时他在教育方面的见解也是十分独到的。邓小平同志多次指出，教育的发展，“应该考虑各级各类学校发展的比例。”“要研究发展什么样的高等学校”。“体制搞得合理，就可以调动积极性，发挥主动创造精神。这些精辟和科学的言论放在今天依然具有针砭时弊、一针见血的功效。“群众路线”是毛泽东思想的灵魂，曾经在建立中华人民共和国的过程中发挥了巨大的作用。当前，我们依然要高度重视“群众路线”。在对我国高等教育进行改革的过程中，创新的主体依然是群众。在进行改革的过程中，我们一定会遇到这样或那样的困难，但是在面对这些困难的时候，我们应当学习“十九大报告”精神，坚持习近平新时代中国特色社会主义不动摇，加快教育现代化，办好人民满意的教育。改革开放以来，我国经济取得了跳跃式的发展，为世界其他国家所瞩目，但是我们应当深刻地认识到，之所以能够取得这种举世瞩目的经济发展成就，是同我们国家坚持符合中国实际情况的社会主义制度分不开的。同经济改革与发展一样，我们应当牢牢坚持建设具有中国特色的社会主义制度，在中国共产党的领导下对高等教育管理制度进行有目的、有步骤的改革。

（2）社会参与管理与服务。社会参与对高校的管理和服务将会更多地强调高校的社会服务性，更能反映社会和民众的实际需求。为了维护人民群众在高等教育中的合法权利，体现教育的公平性，社会参与管理与服务势在必行。在进行改革的过程中，政府在高校管理中所扮演的角色已经在一定程度上发生了变化，高等教育的发展同社会生活和大环境的联系越发得紧密。

（3）发展高等教育中介组织。建立起来有效的高等教育中介组织和机构是发展高等教育管理事业民主化和科学化的关键所在。中介组织通过自身对社会发展和高校教育的研究和判断将会成为一个连接高校和社会沟通的纽带。教育中介组织可以对政府有关教育方面的决策提供资料和指导，避免政府出台不切合社会实际情况的条文。中介组织通过与高校的接触可以认识到高校的实际需求并反馈给政府，使得高校同政府之间的沟通更加顺畅和润滑。

（4）地方政府统筹管理。中央将高校管理权的下放为地方政府的统筹管理创造了前所未有的条件。由于地方政府对本地的高校现状、人民生活水平和思想观念比较了解，所以地方政府在对高等教育进行统筹管理的时候能够更加贴合实际，制定出符合高校实际情况的管理制度，使得高校能够在同自身相匹配的管理制度下健康地发展。

高等教育管理体制的变革将会对我国将来的高等教育产生巨大而深远的影响，高等教育管理体制改革在一定程度上反映了社会经济发展水平、人民的知识文化水平。从长远来看，在社会发展的大背景下发展高等教育，改革高等教育管理体制是大势所趋，也是维护大多数公民高等教育利益的体现。

二、高等教育管理体制改革的政策分析

高等教育管理体制，外延很广，涵盖了高等教育管理各个方面。本书所称高等教育管理体制，主要是指中国公立高等教育的行政管理体制，以政府主管部门与高等学校的关系为其核心。从20世纪80年代中期开始，中国高等教育管理体制改革走上艰难曲折的历程。笔者以我国高等教育管理体制改革的主要政策文本

为对象，对相关内容及问题进行分析。

1.政策的几点缺陷

“高等教育管理体制改革”始终是我国高等教育改革和发展的核心主题，上述相关政策，就是这一核心主题的文本体现。这些政策，多有创新之处，也不乏理论意义。但是，这些政策文本中关于“高等教育管理体制改革”的内容也存在着一些明显的缺陷，影响着改革的实践和人们的认识。

（1）改革目标的偏移。我国高等教育管理体制改革的政策目标，以20世纪90年代中期为界，发生了一次重大转向。此前，高等教育管理体制改革的主要目标一直很坚定，就是转变政府职能，改革政府“统得过死”“包得过多”的“弊端”。虽然在很多文件中都提到“两级管理、以省为主”问题，但主次很分明。1995年关于高等教育管理体制改革目标的表述，与前面各项政策相比则大异其趣。虽然“政府直接管理的职能没有完全转变”，继续提出“简政放权，转变职能”，但是改革目标的重心明显已偏移到“两级管理、条块结合”的布局结构方面。1998年的《行动计划》基本沿用。

正因为高等教育管理体制改革的目标发生了如此偏移，因此，在评价这一阶段改革的成效时，会出现两种截然不同的意见。一种意见认为，“高教管理体制改革迈出了重要步伐，取得了明显的进展，在某些方面取得了突破性进展。”这可以称为“突破论”。另一种意见却认为，“高校自主权的下放”是“进展最慢”的一项体制改革，“90年代之后，官本位、行政化的价值回潮，重新强化高校的行政级别……所以在高校管理体系的维度上，现在比80年代大大后退了。”这可以称为“后退论”。这两种截然不同的结论看似矛盾，其实都没有错，因为它们所指“高等教育管理体制”不是同一个概念。“突破论”指的是“两级管理、以省为主的体制”。经过十多年的“共建、调整、合作、合并”，这一体制至少在形式上已经确立，称之为“重大突破”，未尝不可。“后退论”指的是“政府职能转变”。就此而言，我国高等教育管理体制改革是否“后退”了另当别论，但收效甚微应该是不争的事实。否则，近年的人大和政协“两会”上，对高等教育日益浓厚的“行政化”趋向就不会有那么集中、那么尖锐的批评。就连当年主持高等教育改革发展工作的中央领导也坦陈：“高等教育体制改革任重道远。”然而，我国“高等教育管理体制”的内涵到底是什么，“弊端”到底在哪里，改革的目的何在，这些都是方向性问题，是不能偷换和偏移的改革核心问题。

20世纪80年代中期确立的目标是转变政府职能，理顺政府与高校的关系，它所要解决的是政府对高校管什么和如何管的问题，也就是管理职能和管理方式的问题。从1985年到1993年政府一直强调这个改革目标，说明政策制定者对我国高等教育管理体制的“弊端”，对问题的症结所在，是有正确的认识的。而20世纪90年代中期以后，改革目标转向“两级管理、以省为主”的体制方面，它所要解决的是由谁管，也就是由哪一级政府管的问题。对于我国高等教育管理体制的实际情况而言，改革管什么和如何管的问题，显然是问题的实质所在。因为这个问题，从根本上决定了政府与高校的关系，决定了政府的管理性质，决定了高等学校的性质和地位。其实，在真正解决了政府管什么和如何管的问题之后，由哪一级政府来管的问题，很自然就可以迎刃而解。而在没有解决政府管什么和如何管的问题之前，无论由谁来管，都不能改变管理的性质，反而陡然增加了管理的层级，制造了新的体制性弊端。“高等教育管理体制”内涵的转换，改革目标的偏移，很大程度上制约着我国高等教育管理体制改革的实际进程，也影响着人们对高等教育管理体制改革成效的判断。

（2）改革对象模糊。在我国高等教育管理体制中，政府是管理者，承担着管理高等教育的职责。在政府与高校的关系中，政府是“管理者”，高校是被管的“办学者”，政府是矛盾的主要方面。我国高等教育管理体制中存在的各种问题，主要原因也在于政府管理职能及其行为的不当。因此，高等教育管理体制改革，理所当然要以各级政府及其管理职能和管理行为为改革对象。从各项政策文本来看，关于改革对象的表述，始终有两点比较模糊。一是关于“政府”，大都停留在抽象的表述上，如“政府”“政府有关部门”“政府管理部门”“政府教育主管部门”等，而没有具体指明各级政府教育主管部门应有怎样的组织架构，其权力如何授予、如何行使，因此迄今为止的各项高等教育管理体制改革也就不可能触及政府主管部门这个“体”。二是关于政府对高等教育的管理职能与行为，各项政策文本基本停留在“运用立法、拨款、规划等”的表述上，没有对“宏观管理”作出明确的界定，更没有对管理事项做出严格的限定，这实际上就为政府管理职能和行为留下了可以任意扩张的宽广空间。与此同时，谈到政府与高校的关系时，各项政策文本都是在笼统提到“转变政府职能”之后，迅速转入高校应有的“自主权”上。由于文本没有明确规范政府的管理职能和行为，绕开了这个前提性的“障碍”，因此，关于“自主权”的表述空洞无力，更不要说文本还给这些“自主权”加上了“根据”“按照”等制约了。其实，政府管理职能的转变和高校办学自主权的落实是因果关系。只有真正规范了政府的管理职能与行为，使政府真正管其所管，坚决不干涉其不应管，高校办学自主权的落实才会水到渠成。相反，如果没有政府职能的切实转变，那么，对高校办学自主权的文本规定无论如何详尽，这些权利大多也只能是水中月、镜中花，可望而不可即。即便真的被“放”下来了，也脆弱得很，因为政府凭借着它无所不能的职权，随时可以收回或变相收回。

（3）改革主体缺位。与改革对象模糊紧密相连的，是改革主体的缺位。如果说高等教育管理体制改革，首先要以政府主管部门及其职能为改革对象，那么，由谁作为主体来发动与实施这项改革，就成为一个不可回避的问题。然而，关于改革主体这一点，所有政策文本中几乎均告阙如。提到“转变政府职能”“简政放权”时，所有文本的相关表述均缺少主语，因而导致改革主体的缺失、缺位。从我国高等教育管理体制改革性质看，它是对权力部门及其权力运作方式的改革，因而是体制内的改革。对于这样的改革，关键的一点就是要有更高位的权力部门作为改革的主体，来推动和实施改革。解决高等教育“条块分割”、建立“两级管理、以省为主”体制的改革，之所以言称“重大突破和创新”，除了顺应社会转型的大环境外，主要还是因为有更高位的权力在推动，否则断难这样顺利。遗憾的是，关于高等教育管理体制改革，这项以高等教育主管部门及其职能为对象的改革，在各类相关政策的文本中，几乎都没有明确改革的主体，全然不知应该由谁来发动和实施这项改革，全然不知应该由谁来负改革的责任。由于没有明确改革的主体，特别是没有更高权力部门来承担改革的主体，因此，我国高等教育管理体制的改革，实际上就可以被理解为教育行政主管部门的自我改革，也就是“自己改自己”。在既有体制框架下，教育主管部门根本就缺少自我改革的动力，也没有自我改革的理由。因此，20世纪90年代中期以后改革目标的严重偏移，可以认为正是主管部门“自我改革”的一个变异产品，是权力部门“自我改革”根本无法实现的旁证。

（4）改革路径不明。任何政策要取得成效，都要有具体的路径来实施，因此，政策的实施路径理应也是政策内容之一，尤其是对于高等教育管理体制改革来说，更是如此。高等教育管理体制改革的实施路径，包括了改革的起点、方法、步骤、进程、时限、结果检验等方面。然而，上述有关高等教育管理体制改革政策文本，毫无例外都缺少关于改革路径的具体说明。它们都没有明确告诉人们，高等教育管理体制的改革，从哪里起步，以哪个环节作为突破口，从何时开始到何时结束，改革需要多少成本，涉及哪些相关部门，改革效果如何评定和检验，等等。关于政策实施的文本，对于高等教育管理体制改革的具体路径问题，大多还停留在"原则说明"或"愿景描绘"的层面，除了提到"到2000年或稍长一点时间"、成立"部门院校体制改革协调小组"（目标在解决"条块分割"问题）之外，其他关于管理体制改革的具体措施，大多不详。路不知在何方，方向再明确，也难以到达真实的彼岸，更何况我们的改革目标本身在20世纪90年代中期已经发生了偏移!

2.改革政策的重新设计

现代公共政策不仅仅是决策者的事，更是一个"社会建构"的过程。高等教育管理体制改革政策的制定，需要高等教育内外各种"利益相关者"的参与。为使我国高等教育管理体制改革真正得以实施并得到切实效果，首先需要有充满诚意、切实可行的高教体制改革政策。针对现有的各种问题，重新设计我国高等教育管理体制改革的政策是有必要的。

（1）明确高等教育管理体制改革的目标并坚定不移。我国高等教育管理体制改革的目标于20世纪90年代中期发生了重大转向，由20世纪80年代确立的"转变政府职能"，也就是"管什么"和"如何管"的问题，转变成"由哪个政府管"的问题。这一转向，从某种角度看在当时有其必要性，但是，就我国高等教育管理体制的根本症结而言，这一转向却未能起到应有的作用，甚至在一定程度上产生了负面作用。政府"管什么"和"如何管"的问题显然是高等教育管理体制的主要矛盾，是制约我国高等教育体制的根本问题。当前我国高等教育领域出现的许多矛盾，被社会各界广泛批评的各种乱象，绝大多数都与现行管理体制有关，都是由于行政主管部门不适当的管理职能和管理方式引起的。政府教育主管部门对高等学校管了许多不该管的事，以明显不符合教育规律的方式在管事。

因此，转变政府职能，改变政府与高校的关系，应该是我国高等教育管理体制改革坚定不移的目标，是我国高等教育管理体制改革的核心与关键。国家对我国高等教育管理体制改革目标的重新明确，具有“言归正传”的意义。

（2）高等教育管理体制改革对象的具体化。高等教育管理体制改革的对象，是各级政府教育行政主管部门及其管理职能与行为，这一点在改革政策的本文上应有明确的指称。高教管理体制改革的政策，应对教育行政主管部门的组织构架作出科学、合理的设计，改变教育行政主管部门对高等学校分散、多头管理的组织因素。目前，教育行政部门对高等学校的许多管理职能，都分布在诸多次级部门中。管理职能的分散化，必然导致管理行为的碎片化，最后到了高等学校这一根针，必然乱象丛生。因此，首先需要从组织构架上对教育主管部门做出合理设计，拆庙撤门，将高等教育管理职能归并，尤其要削减次级部门的权力。同时还应在政策上明确：凡是法规政策未明确的事项，教育行政主管部门则一律不能做。

（3）让高等教育管理体制改革的主体显身。对于以教育行政主管部门及其管理行为为改革对象的管理体制改革，不能指望由教育行政主管部门自己来实施。因此，改革政策的设计，应该明确一个具有更高权力的机构来充当改革的主体，负推动和实施改革之责任。这个更高的权力部门，可以是人大，或政府，或党委，也可以是由上述权力部门以及社会各界组成的特别委员会（如20世纪80年代日本的临时教育审议会之类）。总之，在我国目前的行政体制下，高等教育管理体制改革的主体必须由教育行政主管部门之外的权力机构来充任才有可能实现。

（4）高等教育管理体制改革的政策应该描绘出改革的路径，明确改革的突破口，设计好改革的第一步。我国高等教育管理体制的改革是在特殊历史背景和社会体制下进行的，史无前例，是一项复杂艰巨的社会工程，涉及各种体制因素和各方利益。对于这样一项复杂的改革，具体而言，由于我国高等教育管理体制改革的核心是转变政府职能，转变教育主管部门的权力限度和运作方式，因此，改革突破口的确定只能从现有的教育行政管理模式中寻找，从现有教育行政管理权力链中寻找。换言之，我国高等教育管理体制改革突破口的设计，首要一点就是要在现有教育行政管理权力链条上找到一个环节，并通过改革使这个环节发生断裂，从而使无所不能的教育行政权力在这里止步。要找到突破口，其实并不难，关键是需要决策层真正解放思想，勇于创新，拿出改革的魄力和勇气。

最后应该指出，我们不能将高等教育管理体制改革简单看作放权，更不能将办学自主权看作是校长自主权或者“一把手”自主权，否则，权虽然放下去了，还会形成新的专权，形成权力的滥用。因此，高等教育管理体制改革的政策一方面要明确规定转变政府职能、限制教育主管部门权力，另一方面还要明确高等学校自主权的民主治理和约束机制，规范高校行政权力的适用范围和限度，建立对于行政权力的否决机制和罢免机制。总之，高等教育管理体制改革只有在落实高校办学自主权的同时又实现了自主权的校内有效制约，即在政府转变职能的同时高校又建立了民主治理和自我制约的机制，其改革目标才可以说是真正实现。

三、高等教育管理体制改革的走向

根据我国经济、政治体制改革和教育自身发展的要求以及世界高等教育改革发展趋势，具体阐述了21世纪我国高等教育管理体制改革的基本走向。

纵观我国经济、政治体制改革和教育自身发展的要求以及世界高等教育改革的发展趋势，21世纪我国高等教育管理体制改革将围绕下列几个主要方面继续深化与扩展。

1.继续促进合并院校实现学科融合，优化资源配置

几所院校在自愿互利的基础上进行合并，这是我国近年来高等教育办学和管理体制改革的一项具有战略意义的举措，并已取得了突破性的进展。1993年以来，先后有708所院校合并组建为302所多科性或综合性的高等学校。这样大规模地进行合并调整，在我国教育发展史上是空前的，在世界教育史上也是绝无仅有的。院校合并不是我们首创，不过这样大的规模却在世界上产生了不小的影响。但是，应该看到，绝大部分合并院校都是在最近几年里完成组建工作的，还处于“初级阶段”。有不少学校连“五个统一”都还未实现，更不要说实现学科融合、优化资源配置了。这就是说，继续改革的任务还十分艰巨，但不管有多么不易，都必须坚持改革之路，实现学科融合，优化资源配置的目标。

我们必须看到，校园里如果没有多种学科的相互渗透、影响，相互贯通，

没有长时间的交融和积淀，是很难形成一种高品位的文化氛围的。学生不在这种氛围里耳濡目染，接受熏陶和教养，就不大容易有很高的素质。随着人类社会从工业化向信息化的过渡，学科的日益综合化，近二三十年来，高等学校自身走向综合与集成的发展趋势越来越明显。德国自20世纪70年代后期以来，工学院改为工业大学，进而改为综合大学，就是这种趋势的初始呈现。80年代，澳大利亚政府根据现代科学技术发展的要求，对高等教育的结构进行了重大调整。大量的工学院、教育学院、农学院等通过合并组成20多所新大学。这一调整使澳大利亚高等学校的面貌发生了重大改变，大量单一的专业教育改变成为系统、全面的教育，科学研究成为所有学校发展的重要目标与任务。澳大利亚大学科学研究水平迅速提高，并在材料、矿业、生物等领域产生了一批较高水平的成果。

哈佛大学20世纪90年代的改革对我们更具有启发意义。大家都知道，哈佛是一所包括法、商、医等十一所学院在内的综合大学。但它长期以来实行的是一种分散管理的政策，允许每所学院制定自己的政策并负责自己预算的制订和资金的筹措。不过，自尼尔·L.陆登庭于1991年担任校长以来，一直致力于改变这种过于分散的状况，努力把这十一所互不联系的学院组成较为统一的大学。陆登庭认为，这是为了适应新的形势所必须进行的改革。首先，现在许多大学都面临着削减预算的问题，把各学院组成一个较为统一的实体可以更好地控制成本和分配资金。其次，是建立必要的机制，鼓励各学院之间更多地进行合作，促使教师把注意力放在国家面临挑战的五个主攻领域上。它们是：环境研究、公立学校教育、保健、职业道德和价值、智能和人类行为之间的关系，这些都是目前正在迅速成长的热点学科领域。这位校长还认为，主攻这些目标会增强美国在世界新舞台上的竞争能力，从而也将有助于维护哈佛大学作为国家领头大学的威望。陆登庭领导的这种改革获得了哈佛大多数教授和学生的好评与认可。哈佛大学的这种改革是带有一定的普遍意义的。

通过合并打造世界一流大学，在日本也引起了极大的重视。日本文部科学省2001年6月11日颁布的“大学结构改革方针”提出要通过“促进重组与合并”等改革措施，扶植30所优秀大学成为世界最高水平的大学，大幅度削减当时的99所国立大学。其措施是：根据不同大学和不同领域的实际情况进行重组合并，大幅度减少国立大学数量；将医科院校等单科大学与其他大学合并，并考虑将其移交地方教育行政部门管理；推动大学和院系实行区域间的重组合并；等等。在这些措施的推动下，至2001年年底，“决定合并”的国立大学有12所；“正在研究合并”的国立大学有22所、公立大学有8所：“决定进行可行性研究”的国立大学有36所、公立大学有24所。累计占66%的大学在重组、合并问题上出现动荡。

近年来，美国也有越来越多的大学（主要是私立大学）走上合并的道路。促进学校合并的主要原因一是财力不足，有数以百计的高等学校由于美国经济不景气而导致资源严重不足，因而要求合并。根据专家们研究，一所私立大学不亏不盈的基点是1800名左右的学生，目前美国有844所私立大学少于1800名学生。二是为了通过合并实现优势互补，增强实力。我国合并院校深化改革的方向，主要也是这几个方面：实现优势互补，学科融合，提高办学效益，增加办学实力。

2.继续加强院校合作办学，实现优势互补、资源共享

院校之间的合作办学，是90年代我国蓬勃兴起的一种改革模式。较早的如北京市东北片的几所学校，广州市石牌片的几所学校的合作办学。它的特点是，地理位置相近的学校各自以独立法人身份，通过协议就教学、科研等若干大家共同感兴趣的方面合作，以达到优势互补、资源共享、共同发展的目的。这种模式既有利于提高教育质量和办学效益，又不涉及隶属关系、投资渠道等外部关系，简易可行，是教育主管部门大力推进的改革模式，并且取得初步的成效。在教育部和天津市政府的推动下，南开大学和天津大学开展了紧密合作的全新办学模式。两校成立了由教育部有关负责人任组长，南开、天大主管教学的副校长任副组长的本科教学合作办学协作组，制订教学合作方案，并在两校本科教学领域合作达成一致意见：要充分实现本科生教学资源共享、优势互补，使两校本科生跨校选修学分成为可能。在这个基础上，两校分别建设两校共同的文化素质教育基地和工程训练基地，面向两校师生开放，并组织开展两校学生共同参加的活动。两校还共同申请设置本科专业外的新兴学科、交叉学科专业。2001学年各为对方开设10门公共课，3年内两校都开设的公共必修课、选修课达到100门以上。同时，两校加强选修课建设，实现两校的选修课面向全体学生开放，并实现学生任意选修，两校互相承认学分。两校还在本科教学领域实施全新的办学模式改革，共同制定适应新的办学模式的相关制度。两校在培养研究生、攻读第二学位等方面也进行合作。在2002年研究生招生中，天大、南大互相推荐免试硕士研究生：

两校学生可跨校选修第二专业或第二学位，并获得其他学校的学士学位。为使教学改革顺利进行，两校还根据需要互聘教师任课，并共同设立10个研究项目。

许多城市纷纷登台的“大学城”，又为高等学校合作办学开辟了广阔的天地。大学城资源多校共享，没有围墙分隔。各校区以教学、科研为主，建造教学、行政、实验楼，而生活区都集中建在共享地带，提高设施利用率。在上海市教委的指导下，大学城已建立教学协作组，负责实施教学资源共享。各校实现统一的以学分计量、以选课制为核心的学分制教学管理制度，学生可以跨校选课，教师互聘挂牌上课，各校还将开设跨校辅修专业、第二专业、双学士学位、专升本，为学生提供广阔的自主选择发展的空间。大学城内各校的学科结构调整正紧锣密鼓地进行着。在保持各校优势特色的提前下，少数完全重复的专业和差别较小的同类专业将逐步得到调整。

跨校、跨区、跨领域的合作学程模式。《时代周刊》2001年10月15日一期又以“EMBA国际新趋势”为题发表文章说，由于时代快速发展，“危机管理”如今在商学院流行，推动学校与学校之间的交流合作。原来只由部分校长的个人尝试做法，一年来竟成为EMBA（高级主管工商硕士班）的国际主流，衍生出跨校、跨区、跨领域等各种合作学程。该刊认为，欧洲工商管理学院，瑞士洛桑国际管理发展研究院所以能够跳入全球十大EMBA学程排名，均是得益于跨校合作。

联合授课与交流学生的模式。据《日本经济新闻》2000年2月18日报道，为了能够通过联合授课和体育文化交流与广泛的学生进行交流，利用插班生和学士入学制度改变学习方向，并发展不同学科间的共同研究，东京都内的五所单科色彩很浓的名牌大学决定联合办学。这五所名牌大学在各自的专业领域都受到很高的评价。但是他们感到，在研究和教育领域越来越高水平化和复杂化的情况下，研究学问的对象过于狭窄就成了一个弱点。因此他们认为，为了在世界性的大学竞争中占有一席之地，必须在保持各大学独立性的同时进行联合，以实现“综合化”，这才是上策。对这种合作办学，文部省一位官员给予高度评价：“能为社会提供什么样的服务将成为大学经营的重要课题。联合的构想成为国立大学的样板。”

3.继续扩大高等学校办学自主权

扩大高等学校办学自主权，建立学校自我发展和自我约束的机制，仍将是我国高等教育管理体制改革的主要内容之一。

高等教育管理体制的改革，不是简单地改变学校的隶属关系，而是要把重点放在转变政府职能，扩大学校面向社会依法自主办学的权限，建立起自我发展和自我约束的机制上面。过去，我国高等学校曾经历过几度“下放”与“上收”的反复，使学校受到不同程度的损失，其重要原因之一是只解决学校的隶属关系问题，学校的“下放”和“上收”都不过是换了个“婆婆”，而对政府的依附关系依然如旧。历史的经验教训深刻地告诉我们，改革高等教育管理体制，必须坚持政府转变职能，扩大学校面向社会办学自主权的原则，使学校真正成为具有主动适应经济和社会发展需要的活力和自我发展、自我约束的法人主体。应当充分认识，扩大高等学校办学自主权，是建立社会主义市场经济体制的必然要求。社会主义市场经济的实质就是要使资源得到最合理的配置，为此必须使生产者对生产过程具有自主决策权。市场机制对高等教育的调节，就是把学校看作生产者，而生产者在市场经济条件下，为了在竞争中求得生存和发展，必须对其生产过程享有充分的自主决策权。但是，高等学校办学自主权和经济生产实体的自主权既有相同之处，又有不同的地方。了解这种异同，也是很重要的。

按照生产功能的学说，高等学校是有别于经济生产实体的一种非营利组织，它的决策和活动是为了在竞争中企求最大的综合效益（包括经济效益和社会益），而不是追求获取最大利润。如果说，企业的生存和发展依靠的是获取利润的话，那么高等学校的生存和发展，则靠的是获取综合效益。维持高等学校生存和发展主要靠两个方面：一是学校的产品包括毕业生、科研成果和社会服务的数量和规格、质量能够在多大程度上满足社会的需求：二是需方在人、财、物等方面的支出能力，包括学生所交的学费、政府的财政拨款、社会团体及个人的资助以及学生的录取和教职员工的录用等。在投入与产出之间有一个过程，这个生产过程的效率取决于生产者的决策和活动本身。为此，要提高高等学校“生产过程”的效率就必须使高等学校对生产过程拥有自主决策权。但是，这种自主决策权限又不同于企业。因为作为一种非营利组织，高等学校生产的最终目的是提高综合效益，这种综合效益并非用利润来衡量，而是表现为学校能否满足国家、社会和个人的多方面需求，所以学校的办学自主权又是有限度的，需要国家加强宏观调控，使其能满扩大和对国家、社会的重要性日益突出，国家的宏观调控也必然不断加强。因此，对高等学校办学自主权有一个全面的认识、正确的理解就显得十分重要。

从世界各国高等教育管理体制演变的过程和经验来看，高等学校办学自主权的大小是与下列一些相互联系的因素有关：国家的政治需求程度；学校经费来源渠道多样化程度；学校之间的竞争程度和文凭的等价程度；政府（国家）间接调控手段的完善程度；学校自我约束机制的完善程度；等等。这就是说，高等学校办学自主权是一个动态的概念，既不是固定不变的，也没有统一的模式。对我国来讲，随着经济体制改革的深化，政府宏观调控手段和学校自我约束机制的完善，学校的办学自主权，如招生录取、专业设置、用人制度等诸多方面将继续扩大。

4.继续加强省级政府的统筹决策权

加强省级政府对设在本地区的高等学校的统筹决策权，变“条块分割”为“条块结合”的新体制，是90年代我国高等教育管理体制改革的又一项重要内容，并已取得突破性的进展。但是，随着社会主义市场经济体制的建立和完善以及现代科学技术的发展，必将促进区域经济进一步发展，要求更加优化资源的配置，中央机构的改革和政府职能的转变也将不断深化，因而还必须加强和完善省级政府的统筹决策权。

所谓高等教育地方化的趋势，就是随着经济发展水平和人们普遍受教育水平的提高，高等教育办学和管理的权限逐步下移的趋势，即由中央—省—地方下移的趋势。美国高等教育自建国以来，特别是莫利尔法令颁布之后，是由州政府管理为主的，但近年来又进一步强调要与地方社区相结合。以波伊尔博士为代表的一批美国学者提出要“创建新型美国学院”就体现了这种要求。他们所提倡的这种新型学院的基本特征是与地方社区发展相结合。波伊尔博士在1994年的一次演讲中说：“高等教育将出现一种崭新的卓越模式，这一模式的学院将丰富院校、复兴社区，并给予服务这一学问以新的尊严与地位。”“这一新型美国学院将围绕紧迫的社会问题组织跨学科的研究所。这种学院的本科大学生将参加实地项目，把想法和现实生活联系起来。课堂与实验室的范围将拓宽，卫生所、青年中心、中小学和政府办公室都是学生们的课堂和实验室的一部分。教学人员将与第一线的实践者结成合作伙伴，而这些实践者则可到校园任教并担任学生的顾问。”

5.继续加强社会参与办学和管理，加强校企合作

社会力量办学是“社会参与”的最常见的形式。“加强社会参与”是我国20世纪90年代初确定的发展战略，并为此提出了许多措施。这一改革在21世纪进一步加强和深化。

随着经济体制改革的深入以及社会多样化的教育需求，社会力量办学（即民办教育）将越来越成为推动我国教育事业发展的一支重要力量。办学范围将扩展到高等教育的学历教育和非学历教育的各个领域。办学主体、办学形式将更加多样化，有民主党派、工商联及其他社会团体办学，有企业和公民个人投资或集资办学，有政府部门与企业联合办学，有实行“公办民助”“民办公助”“国有民办”等。国家将会采取制定完备的法规等措施来进一步促进社会力量办学的发展，特别是鼓励社会力量办学与国有企业改革、技术改造、再就业工程和广大农村脱贫致富奔小康的需要结合起来，把重点放在兴办成人教育上。自20世纪60年代以来，世界许多国家都在逐步加强“社会参与”管理学校的体制建设，使之成为高等教育运行机制中十分庞大的一个组成部分，大大拓展了教育与外部的联系，增强了教育和学校的适应性。据不完全统计，目前我国已有240多所高等学校与5000多家企业开展了多种形式的合作办学与管理，但无论是合作的深度还是广度都还不够，仍有广阔的天地。特别是原属中央业务部门举办和管理的一大批高等学校，它们和企业有着许多天然的联系和历史的渊源，更应该充分发挥这种优势，继续扩大加强与企业的合作，推进学校不断改革和发展。

加强社会中介组织的作用是“社会参与”的重要途径。国务院《关于〈中国教育改革和发展纲要〉的实施意见》中指出：“为保证政府职能的转变，使重大决策经过科学的研究和论证，要建立健全社会中介组织，包括教育决策咨询研究机构、高等学校设置和学校评议与咨询机构、教育评估机构、教育考试机构、资格证书机构等，发挥社会各界参与教育决策和管理的作用。”

社会参与的另一种重要形式，是选民的意愿影响高等教育重大事项的决策。这种形式，在一些发达国家已越来越显示其重要性。在这些国家，其高等学

校，特别是公立高等学校，是最大的公益事业，涉及选民税收的相当大一部分钱是用在公立学校。因此，对公立高等学校的有关学费、教师工资、基本建设和发展规划、专业建设、经费分配等许多方面的管理，都与社会各界、社区有关。政界人士为自身的前途和利益，大都要力争反映选民的意愿。在我国，随着政治法制化、民主化的发展，民意对高等教育的影响也将会越来越大。

6.继续转变政府职能，加强宏观调控

随着高等教育在经济、社会发展中的战略地位越来越突出，作为反映社会整体利益的政府，必然要加强对它的宏观调控，其目的是使它更好地为经济、社会发展服务，为统治阶级的利益服务。这是一个不以人的意志为转移的带有规律性的现象。对此，著名教育家、剑桥大学副校长阿什比曾作过深刻的分析，他说："在过去，每所大学都是独立的有机体，各按其内在规律去吸收营养和发育成长。如今的大学已经成为经济发展和国家生存绝对不可缺乏的事物。过去在封建王侯和教会主教的羽翼下，大学被培育成为美丽的花朵，它并不比宫廷中的乐师具有更多的推动经济发展的作用。"因此，"以前，政府对大学采取听之任之的态度，如今却想逐步加强对大学的控制了。对此，抱怨之类的反抗是没有用的。现在办大学是很花钱的事，如果没有资助者给大学以资助，大学就将失去存在的希望。"法国一位军事家曾说过，战争太重要了，所以战争不能由军人来决定。美国一位科学家引申这句话说，科学太重要了，所以科学工作不能完全由科学家来决定。我们也可以引申这句话说，教育太重要了，所以教育工作不能完全由教育工作者来决定。不过，改革过于集中统一的管理体制仍然是我国今后一个时期教育体制改革的一项重要内容。到21世纪初将建立起科学的分级分工管理制度。要继续坚持在保证全国大政方针统一的前提下，对教育事业实行分区规划、分类指导的原则。这一点对地区间发展极不平衡的我国来讲，显得更为必要。

要继续转变政府职能，由对学校的直接行政管理，转变为对教育事业发展规划和发展规模，经费预算及统筹安排，教育质量、各类学校设置标准和各类证书学位标准等进行宏观管理。说到底，政府主要就要是对教育发展的速度、规模、质量、结构进行宏观调控，使之适应经济、社会发展的需要，不断提高高等教育整体的综合效益。同时，确保学校面向社会自主办学的法人地位。要加强教育决策咨询系统、信息系统、督导评估系统以及其他中介机构的功能。

7.继续优化结构，引导院校正确定位，办出特色

在20世纪90年代，随着高等教育管理体制改革的深入，我们国家开始把这种改革与优化高等教育结构结合起来，其主要内涵有两项。

一是把普通高等学校的改革和调整与成人高等学校改革和调整结合起来，统筹考虑。成人高等学校的改革和调整的基本原则是要主动适应成人教育形势变化的要求，既要办好一批基础条件较好、教育质量高、有长期社会需要的成人高等学校，也要打破条条分割，促进部分规模小、重复设置的成人高等学校的调整和合并，要因地制宜地推进市（地）级教育学院与当地师范院校的合并。管理干部学院有条件的也要与普通学校合并。

二是高等教育办学和管理体制的改革要与普通高等学校的布局结构调整结合起来。关于普通高等学校布局结构调整的目标，教育部原副部长周远清同志概括为“三个目标”。第一个目标，按照全国性（面向全国招生）、区域性（面向大区域数省招生）、地方性三类不同的服务覆盖面来规划学校布局。前两类学校由中央政府有关部门直接管理与省级政府共建、共管；后一类学校由省级政府管理。第二个目标，按照社会对人才规格需求的差异性建立起合理的高等学校类型结构；少数既是教学中心又是科研中心的学校，以本科教育为基础，同时承担研究生教育；以本科教育为主的学校，主要承担本科教育任务，其中部分学校适当承担研究生教育；高等专科学校和职业技术学院，主要培养在第一线从事生产、服务和管理的各类实用型、技能型人才（其中，高等师范专科学校主要培养中小学教师）。第三个目标，逐步形成综合性院校（文、理、工、农、医等各大门类学科较为齐全的学校）、多科性院校和单科性院校较为合理的布局。

在高等教育办学和管理体制改革的过程中，对高等学校的布局结构进行科学的调整，其根本目的是要促使各个高等学校努力办出自己的特色，使整个等教育能更好地适应经济社会发展的多方面的要求，从整体上提高高等教育的综合效益。

上述七个方面的改革，都发端于20世纪80至90年代，在21世纪正在并仍将继续深化与扩展。这是由经济、政治、社会诸多因素及高等教育自身发展的要求所决定的。也正因为如此，它们又都反映了、融入了世界高等教育改革与发展的趋势，在某些方面，从某种意义上甚至可以说是起着“引导世界潮流”的作用。

第三节　高等教育管理存在的问题及解决方案

随着市场经济的迅速发展，世界各国的教育事业也在不断地发展，尤其是高等教育方面，各国高校在高等教育管理上也各有自己的特色。

全球化正在对世界各国高等教育的管理理念、管理体制、管理制度、管理模式产生着全面而深刻的影响。

一、市场经济条件下高等教育管理存在的问题及其对策

1.我国高等教育管理中存在的问题

（1）在招生方面存在管理缺位问题。在高校扩招缓解社会急需高素质人才情况的同时也带来了一些负面问题，随着各个高校的扩招，学生的数量越来越多，毕业生的人数也越来越多，大学生人数的增加幅度已经远远超过经济的增长所需要的人才增长速度。

（2）在学生管理上，尤其是学生违纪惩戒方面存在问题。对于违反学校规章条例的学生的惩戒高等学校之间没有统一的标准，大部分学校都是按照本校的条例对学生进行惩处，如对于考试作弊问题，有的学校在本校官方网站上公开批评并予以警告，有的学校则扣留学生的学位证书取消其学位。

2.高等教育管理对策

（1）树立“以人为本”的教育管理理念，确立教师主人翁的地位，构建和谐师生关系。加强教师以及管理人员的法律意识，学校方面加强法律约束，严厉打击一些高校违反法律规定宣传虚假信息的行为。学生应当增强守法维权意识，坚决同违法犯罪现象作斗争。树立“以学生为本”的管理理念，在学生管理工作中注重人性化的管理。高校教育的管理工作主要是围绕学生展开，教育管理工作理应尊重学生的主体性、多样性，在工作之中体现学生的主体地位。

（2）深化教育资源配置改革，为教育管理提供物质保障，增强教育管理

“硬实力”。学校在高等教育资源配置中应该完善自身的运行机制和监督机制。明确各学校的职责，提高学校的办事效率，节省教育行政成本。正确处理好学校和社会以及政府之间的关系。在当代市场机制条件下，政府由计划经济体制中的管理者变成宏观调控者。政府从许多社会领域中退出，同时给予市场更多的自主性。

（3）深化教育体制改革，转变教育管理方式，加强教育管理人才队伍建设。与时俱进，对教育体制进行改革。面对日益发展的经济社会，人们的社会需求也日益多样化，为了满足社会的需求，促进自身的不断发展，教育体制要进行相应的改革，尤其是高等教育方面。教育主管部门应该转变职能，不再通过行政手段、资源控制等方式具体干预高校的办学，充分发挥高校的办学自主性与积极性。

二、全球化时代中国高等教育管理的困境与出路

当今世界已经进入全球化深入发展的时代，经济全球化、文化多元化、信息网络化和管理分权化成为全球化的主要特征。高等教育也正以前所未有的深度和广度融入全球化的浪潮中，全球化正对高等教育的管理理念、管理制度、管理模式等产生着深刻的影响。全球化背景既给中国高等教育管理发展带来了新的机遇，也使中国高等教育管理的改革面临一系列新挑战。研究全球化时代中国高等教育管理的困境与出路具有重要的时代价值。

1.全球化使中国高等教育管理面临新的困境

全球化既给中国高等教育管理发展带来了新机遇，也使中国高等教育管理的改革面临一些新的困境。

（1）重计划轻市场、重物本轻人本导致高等教育在管理理念上的偏颇。改革开放以来，中国在推进社会主义市场经济发展上取得了巨大成就。市场机制逐渐成为社会资源配置的主要手段，市场竞争理念深入人心。加入世界贸易组织后，中国各个行业的市场化改革进一步向纵深发展。中国在高等教育领域也进行了局部的市场化改革，但由于教育行业的特殊性，有些改革还停留于表面，在管理理念上还存在诸多偏颇之处，进而阻碍了高等教育的健康发展。

第一，重计划轻市场的管理观念不利于高等教育公平竞争环境的形成。我

国实行从计划体制向社会主义市场经济体制转变的主要目的是创造一个公平、健全的竞争环境。在重计划轻市场的观念支配下，我国高等教育运行中仍然存在许多不公平的现象：一是高等教育办学体制上，基本还是以政府举办为主，民间资本由于缺乏系统有力的法制和政策保障，在参与办学的竞争中往往处于不利的地位；二是在办学资源的配置上，很大程度上仍是以政府直接投入为主，尚未建立以绩效为基准的竞争性投入机制，向重点高校倾斜的配置政策，使不同高校在获取财政拨款和科研资助等方面存在明显差异；三是在高校生源配置上，由于“钦定”的学校级别，使得不同高校招生的质量和数量存在不公平；四是在高校学习过程中，尚未形成学生自主选择、自由转换专业或学校的机制，导致大学生在受教育过程中的不公平；五是在毕业生就业上，由于缺乏一个公正、客观评价标准，用人部门只能按照学校级别选人用人，造成毕业生就业上的不公平。

第二，重物本轻人本的管理观念阻碍了高等教育全面、协调发展的进程。受传统发展观的影响，我国高等教育在发展中存在明显的重物本、轻人本的观念，造成高等教育发展取向的偏颇，进而阻碍了高等教育全面、协调发展的进程。表现在发展取向上，重规模扩张，轻育人效益，造成数量攀升而质量下滑；在功能取向上，重派生功能，轻育人功能，在派生功能中又重经济功能，轻文化功能，造成功能失调，本末倒置；在经费取向上，重硬件建设，轻软件建设，造成大楼林立但大师稀少；在专业取向上，重技术学科，轻人文学科，造成功利思想泛滥，人文精神失落。

（2）重集权轻分权、重约束轻自由导致高等教育在管理体制上的僵化。减少中央对高等教育的集中控制，赋予地方政府和大学自主权，促进地方政府和大学因地因校制宜，发挥自身优势，彰显办学特色，提高办学竞争力是当前各国在应对高等教育全球化竞争时进行高等教育管理体制改革的共同特征。经过多年的体制改革，中国高等教育管理体制基本上形成了“中央和省级政府两级管理、以省级政府管理为主”的权力分化格局，省级政府在专科层次高校设置、硕士学位点设置、高校专业设置等方面拥有了实质性的自主权。

缺陷之一是重集权轻分权限制了高校办学自主性的充分发挥。“我国高等教育管理体制虽已形成‘集中领导、分级管理’模式，但在实际管理中仍存在集中领导易、放权管理难的特点。”这一特点突出地反映在省级政府和地方高校的权利划分上，省级政府的权力还过于集中，对地方高校“管得太细、统得过死”的状况未能彻底改变，地方高校在招生办法与名额确定、校长任免与教师评聘、机构设置与结构调整、产学合作与国际交流、教授治学与教学自由等方面仍然自主有限。由此压抑了地方高校的自主办学主动性，造成了部分高校决策者产生在办学理念、发展模式上不需要花更多心思的想法。这是当前中国高校中办学理念雷同、盲目跟风攀比、相互简单模仿、争相开设热门专业、同质化现象严重的重要原因。

缺陷之二是重约束轻自由妨碍了高校制度的自主创新。通过制度创新促进高等教育发展是全球化背景下世界各国的共同举措，虽然不同国家在高校的制度上存在差异，但高校的本质使不同国家的大学制度仍会显示出一些共性，这些共性较为集中地反映在现代世界一流大学的制度中。一流大学制度除了应该在政治组织体制上具有一定独立性外，还应该在学术思想上具有较大的自由性。而我国当前保持公办大学正常运转的各种资源，如经费来源、专业设置、招生计划等主要由上级教育主管部门控制，使公办大学依附性太强而独立性不够；同时，由于大学被外部力量赋予了越来越多的职责，其自身的发展思路必然受到挤压。大学为了得到政府和各相关利益集团的资助和庇护，不得不将现实社会与相关利益集团的目标作为或混同于大学自身的发展目标。过多的外部压力，使得大学的学术自由受到过多限制，进而使人才培养和科学研究机制逐渐失去活力。

（3）重人治轻法治、重行政轻学术导致高等教育在制度改革上的滞后。经济全球化与文化多元化一方面推动了大学规模的膨胀与“巨型结构”的发展，另一方面又促进了大学多种亚文化的发展与异质程度的加深。规模扩大与文化多元势必要求高等教育管理制度做出变革。然而在我国有两大因素阻碍这种变革：

一是重人治轻法治的传统使经验式管理继续存在。在我国由于传统人治思想根深蒂固，尽管近年来在依法治教上做出了很多努力并取得了一定成效，但从整体看，高等教育管理制度上仍然具有突出的重人治轻法治的特征。人治意味着管理的目标、方式和评价成果的标准取决于管理者个人的观念、喜好，管理者的更换将对管理工作造成巨大影响。从当前中国高等教育管理看，人治现象依然较为普遍。如高等教育发展规划的执行、经费投入、项目建设等常因政府管理部门的主要领导的思想变化或职位异人而遭遇变数。而人治通行则必然弱化法律的权威，导致诸多方面或无法可依，或有法不全、或执法不严。这种管理制度的“缺点在于过分依赖传统的习惯和个人的判断，一旦管理者的道德取向、分析能力出现问题或者形势的变化超越了现有的经验，就会使管理活动陷入混乱。经验式的行政管理大行其道，这就从根本上忽视了大学的学术性特征，抹杀了思想上的活跃性，使大学失去了不断发展创新的生命力，而且容易滋生官僚体制”。

二是重行政轻学术的现实使科层式管理仍占据中心地位。大学是一个集知识创新、知识应用、知识传播为一身，融教学、科研、社会服务为一体的学术性机构，学术性是大学的根本属性，学术活动是大学的本质活动，大学的人才培养、科学研究和社会服务等职能都必须以学术为中轴。因此，遵循学术发展规律，真正把大学作为学术组织来建设和管理，是现代大学追求卓越的必由之路。而大学又是一个目标多元、职能多样、管理复杂的社会组织，有效的大学治理应该是既充分重视学术的自由发展与发挥教授的权威作用，又要有明确办学方向的指导与有力的行政管理。只有将大学的行政管理与学术管理协调好，大学内部管理体制才能最大限度地发挥效率。近年来，我国在协调大学内部行政权力与学术权力的关系上虽采取了不少措施，并取得了一定进展，但长期以来形成的以党政为重心的大学内部管理体制，不断膨胀的行政权力产生的惯性并未减少，“长官作风”“一言堂”“以权代法”等现象仍然存在，通过行政命令、领导指示、政策规定等方式干预学术事务的现象屡见不鲜。重行政轻学术的现实不仅使科层制管理仍在多数大学占据中心位置，而且使大学发展偏离了目标、背离了本质。

（4）重分设轻整合、重保密轻公开导致高等教育在管理模式上的困境。从总体上看，中国高等教育在管理模式改革上仍然存在一些困境。

一是在高等教育管理信息平台建设上重分设轻整合，造成信息流通不畅。不仅造成信息重复收集、管理成本增高等问题，还因相同信息数据口径不一致而导致管理混乱。由此阻碍了管理信息与国际的接轨和国内的共享，其后果是：造成中国与国际高等教育协调组织或高等教育大国之间在高等教育管理信息上的流通不畅、分享困难；给中国政府与社会大众及时掌握国际高等教育，特别是境外高等教育机构的真实信息造成极大障碍；增加了不少中国高校开展对外合作办学的困难，以及中国学生出国留学上当受骗的概率。

二是在高等教育管理信息的发布制度上重保密轻公开，导致信息分享困难。

首先是相关规定不明确，对信息公开范围的规定过于随意，如《高等学校信息公开办法》第十条第一款“高等学校对下列信息不予公开”中列出包括“法律、法规和规章以及学校规定的不予公开的其他信息”，其中“学校规定的”这一限定语在实践中往往导致高校为了规避潜在风险通过自定规则给信息公开设置诸多限制。其次是缺乏有力的监督机制，信息公开不到位。以上问题导致近年来中国高等教育管理信息公开的程度虽有所提高，但多局限于概述性的报告和信息，对于高校的专业与课程设置、教师的管理与异动、学生的招生与就业等明细信息则往往不予公开，极大地阻碍了信息提供对利益相关者的决策参考作用，也在很大程度上限制了公众对高等教育管理的民主监督。

2.中国高等教育管理适应全球化要求的主要方略

为适应全球化的要求，中国高等教育管理改革应该遵循四大方略。

（1）确立“以人为本”“和而不同”的高等教育管理理念。尊重人的主体地位、促进人的发展是全球化时代各国高等教育的共同追求。中国高等教育管理要适应这一发展要求，必须实现管理理念的创新。

一是要确立“以人为本”的管理理念。坚持“以人为本”，前提是落实“以生为本”，重点是抓好“以师为先”。“以生为本”就是要把学生看成高校的生存之本和发展之本，真正树立“一切为了学生，为了一切学生，为了学生的一切”的办学观念；就是要在管理中把促进学生的和谐发展作为一切教育活动的出发点和教育改革的立足点。在这一观念的支配下确定有利于学生发展的培养目标，建立适应学生共性与个性和谐发展的课程体系，构建多样化、有特色的人才培养模式，形成有利于学生主动参与的管理制度，建设以生为主、师生平等、教学自由的校园文化等。促进学生和谐发展的主体是教师，“以师为先”就是要认识教师的劳动与价值，充分发挥教师的智慧和才能；就是要尊重教师的学术自由，突出教师学术权力在高校的主导地位，提高教师参与学校管理的积极性与可能性；就是要关心教师的工作和生活，提高他们的福利待遇，关心他们的前途与发展，为他们提供施展才华的机会与条件。

二是要确立“和而不同”的管理理念。所谓“和”就是以开放平和的态度对待国外的管理理念和方法，辩证分析其优势和缺点，有针对性地借鉴吸收其对中国高等教育管理水平提高有促进作用的部分，实现中西管理的优势互补和交流融通；所谓“不同”，就是在学习他人的同时不能失去自我。要在“立足本土”的基础上“拥抱世界”，博采众国之长，结合中国国情，开创具有中国特色的高等教育管理之路。例如效率为本的管理理念，强调管理过程的科学化和标准化，对克服中国传统高等教育管理主观随意性强的缺点具有现实意义；人本主义管理理念强调个体的自主发展，强调个人对组织决策的参与，对消除中国传统高等教育管理重集体目标轻个体目标的缺陷具有重要启示；后现代教育思潮下的多元整合管理理念，强调对话、理解、交流、解释等在管理中的作用，对化解中国传统高等教育管理中集中有余、民主不足的困局也具有指导作用。同样，中国悠久文化中也蕴藏着丰富的管理智慧，值得在新形势下发扬光大。如“以德为先，以德治国”的管理思想强调道德感化，价值引导，在当前功利主义泛滥的管理现状中更彰显其现代价值；“以和为贵，中庸为道”的管理智慧对处于内、外部环境复杂多变的高校实现自我和谐仍然具有深刻的启示意义。

（2）建构“宏观调控”“自主灵活”的高等教育管理体制。要适应全球化的激烈竞争，中国高等教育管理体制要进一步理顺中央政府、地方政府、高校和社会四个行为主体之间的关系。

一是要求中央政府和地方政府进一步转变职能。从中央政府看，需进一步加强科学管理，完善宏观调控，也就是调控的方式要从直接调控管理转变为间接调控管理；管理的手段要由行政干预、计划命令转为统筹管理、政策指导、组织协调、信息服务与评估监督；调控的内容主要是发展规划的制定、经费预算与统筹、教育机构的设置、各类证书与学位标准的制定、质量标准的监控等。从地方政府看，需进一步转化角色意识，强化统筹行为，提高统筹效能。随着高等教育管理体制改革的深化，地方政府已获得了较大的地方高等教育统筹权，但不能仅仅是把高校管理主体由中央变成地方，而是要从过去的“执行”角色转换为切实承担“统筹”重任的角色，优化高等教育资源配置，协调地方高等教育与地方社会经济发展的关系。

二是要落实高校法人地位，使之真正成为自主灵活的办学实体。应借鉴西方的契约理论和委托代理理论构建政府与高校的契约关系，从法律和制度上增强和明确高校在人事管理、机构设置、学科专业设置等方面的自主权，同时引导各类高校依法制定学校章程，依据章程进行自主管理。此外要通过各种改革不断增强高校适应社会的主动性、灵活性与高效性。如通过改革考试和招生制度，健全自我选择机制；通过提高教育质量，健全自我发展机制；通过加强内部管理体制改革，健全自我激励与约束机制；要发挥社会中介组织作为政府与高校之间关系缓冲器的作用，鼓励各类教育中介组织参与高等教育的质量评估与监督，健全社会参治机制。

（3）完善“刚柔相济”“内通外联”的高等教育管理制度。“刚柔相济”即严格的管理制度与宽松的管理氛围相结合。高等教育管理必须有健全的制度体系。大学制度体系建设应着力于三个层面。在核心制度上，通过理顺大学与政府、社会的关系，使自主管理、学术管理的理念落到实处；在一般制度上，通过健全学术民主管理的组织机制，改革现行权力分配结构，强化大学运行中的学术权力；在具体制度上，建立既有分工又有协作、责任明确的大学法人制度、组织人事制度、教育与科研制度、学科建设与学术保障等制度。同时必须明确加强制度建设不是为了约束人、管制人，而是要通过制度来解放人的思想、引导人的行为、激发人的潜能。因此在各项制度中要充分体现人文精神，制度制定要充分发扬民主，真正反映民意，制度执行要让大家心情舒畅。总之，以和谐的理念与方法关心人、激励人，使管理人格化、弹性化。

“内通外联”即国内相关管理部门在制度设计上要协调沟通，同时能与国际上的相关制度联通对接。一方面要做好“内通”，就是涉及高等教育国际合作事务的教育、商务、外汇、外交、出入境管理等各个部门，在修订、完善各自的相关管理法规和制度时，要加强协调沟通，避免法规和制度的相互冲突。另一方面做好“外联”，就是要在维护国家教育主权的前提下，根据高等教育参与全球竞争的需要，结合国际通行原则，对《中华人民共和国教育法》《中华人民共和国高等教育法》《中华人民共和国教师法》《中华人民共和国民办教育促进法》和《中外合作办学条例》等相关法规、条例进行修订、完善并出台具体配套的实施办法；同时要依据国际高等教育协调组织的相关规定和标准，抓紧高等教育具体管理制度的建设，如修订学位制度以及制定境外高等教育机构来华办学资质认定标准、教学质量评估标准、学分认证与换算标准等，以实现中国高等教育法规和管理制度与国际的有效接轨。

（4）创建“信息共享”“高效透明”的高等教育网络化管理模式。一是要尽快创建和完善“信息共享”的网络平台。主要对策有三：首先要落实规划。中国《教育信息化十年发展规划（2011—2020年）》已对中国教育管理的信息化建设做出认真执行教育信息化标准，保证数据的口径、信息编码格式等方面的标准统一，以有利于信息共享和提高信息资源使用效率。其次要对接国际。一方面要尽快加入国际高等教育质量保证机构网络和亚太地区质量保障网络组织，获取境外高等教育机构的办学资质、教学质量等真实信息，及时向公众发布，为国内高校开展跨境高等教育合作，同时为学生留学申请或选择其他境外高等教育交流与合作项目提供准确及时的信息参考。另一方面要将国内高等教育的真实办学情况、人才培养特色、科研水平、政策环境等信息通过国际或区域组织的权威网络平台向世界发布，以展示中国高等教育的发展成就，加深世界对中国高等教育的了解，吸引更多国外高水平大学与中国高校开展合作，吸引更多的优秀学生到中国大学留学或参加各项交流活动。

二是要利用现代网络技术改造管理模式并完善高等教育信息公开制度，实现“高效透明”。所谓“高效”，就是利用现代网络技术推进高等教育管理和服务流程再造，除加强信息网站建设外，还应利用微博、微信等新兴网络工具，让公众能够随时随地获取相关信息。所谓“透明”，即打造“阳光管理”，推进管理的民主化和透明化。一方面要完善高等教育信息公开制度，制订实施细则，对相关信息的公开范围、决定权、期限、法律责任等作出详细的可操作的规定；另一方面要加强对高等教育信息公开的监督和激励，将信息公开工作列为高校评估的重要内容，督促教育管理部门和高校切实履行“公开为原则，不公开为例外”的要求，除了确属于国家秘密依法不予公开的信息之外，涉及高等教育招生办资质、教师评聘、专业设置、教学质量、学生奖助学金、学生就业等方面的数据等信息都尽量详细公开。

无论是先进的管理经验，还是现行的高等教育管理体制，都要适应当今社会的发展，适应全球化，适应市场经济的发展。在这样一个多元而又开放的时代，要更好地发展本国的教育管理事业，对待国外先进的经验要做到“取其精华，去其糟粕”，对待我国的教育管理经验要“批判继承，古为今用”，在吸收借鉴外国先进的管理经验的同时要立足于本国的实际情况，本着“一切从实际出发”的原则，对我国的高等教育管理进行适时适当的改革。只有这样，我国的教育事业才能跻身于世界前列，我国才能建设世界一流大学。

第三章

高等教育管理规范化的探讨

第一节　民办高等教育管理规范化的发展

管理人才的政治素质、知识水平和科学管理能力，对于学校的发展起着举足轻重的作用。现代高等教育管理已由传统经验决策发展到科学决策，并引入市场竞争机制，接受民主管理和监督，吸引与激励教师和其他教育工作者及受教育者关心和参与教育管理，同时依法进行教育管理，使我国高等教育管理走向规范化。

一、高等教育教学管理规范化的探索与实践

高等教育教学改革是高校各项改革的核心，教学管理高效、有序的运行是成功实现教学改革的前提和关键。教学管理工作是否科学、规范，小则影响到教学秩序的好坏，大则关系到教学改革的成效、教学质量的高低及高校的发展与存亡。

1.高等教育教学管理规范化的概念、运作方式

（1）教学管理是教学管理主体通过一定的方式协调各种关系，制定并实施一定措施，激发师生员工的积极性，有效地使用人力、物力、财力资源，以实现管理目标的活动过程。教学管理规范化则是教学管理主体通过动员各方面力量，制定出切实可行、行之有效的系列规范的规章制度，并严格按章办事，以“法”治教，以“法”治学的一种教学管理模式。其根本目的是最大限度地发挥人、财、物资源的综合效益，广泛调动师生员工的工作、学习热情和积极性，提高教育教学质量和办学水平。

（2）教学管理规范化，从其管理客体（对象）上可分为两方面，一是“教”方面的管理规范化，如科学的教学质量考核等各类教学评价制度；公正的教学成果等各类教学先进、优秀评定奖励办法；严格的教学检查等各类常规监控、调控甚至惩罚措施。二是“学”方面的管理规范化，如严而不死的学籍管理

制度，科学合理的学业测评办法，灵活而富激励性的学习奖惩措施等。

（3）教学管理规范化的主要运作方式包括管理观念的科学化；教学文件规范化；管理规章制度化；工作内容程序化；管理机构高效化；工作职责明确化；信息反馈经常化；管理实施严格化；管理手段现代化。

2.统一思想认识，不断更新管理观念

规范教学管理，对教学管理的主体而言，首先要统一思想认识，向管理要效益，求发展，求生存，在思想上要高度重视教学管理在教学工作中的关键作用，并把思想上的重视落实在行动上。其次要树立起科学的管理观念。科学的管理观念包括人本观念、系统观念、择优观念、战略观念和权变观念。人本观念是指管理主体必须坚持“以人为本”，“一切从人出发”，充分考虑被管理者的需要及其满足或满意程度；系统观念是指管理主体善于通盘考虑，优化整个管理过程的整体功能，有系统观和全局观；择优观念系指管理主体在管理方案、措施的选取和制定上，在人财物资源的使用配置上坚持择优的原则；战略观念是指管理主体立足全局，面向未来，具有发展的眼光，创新的胆识；权变观念是指管理主体能实事求是，一切从实际出发，具体问题具体分析，掌握管理艺术，因人、因事、因时、因地制宜。五种观念的有机结合是管理主体进行科学高效管理的思想基础。近几年来，安徽高校通过举办教育管理课程进修班，开展教育思想观念大讨论，进行各个层次的教学质量及教学管理评价等工作，对于教学管理规范化工作的思想认识和科学的管理观念的深入人心起到了极大的推动作用，“以人为本”已经成为日常口头用语。

3.建立健全符合学校实际的教学管理规章制度

教学管理规范化是建立在科学、完善的管理规章制度基础之上的。几年来，学校在广泛调查研究、考察参观、反复总结的基础上，依据教学规律，结合学校具体实际，先后制定和修订了教学管理、学生管理、教师管理、实验室管理等方面的规章制度，印了发《教学管理规章制度汇编》《物资设备及实验室管理文件汇编》《学生手册》等，做到了各个管理环节有章可循，从制度上规范了教学管理行为，促进了教学管理工作的规范化。

4.教学管理工作内容程序化

教学工作的周期性、稳定性特征决定了教学管理日常工作大部分内容可以程序化。每学期、每学年教学管理的许多常规性工作基本相同，而且不断重复，一套工作程序制订出来以后，稍作修订和完善就可沿用。学校教学管理工作可以按学期或学年为主线，制订出每月每周的工作日程，以一张简明的程序化表格就可随时反映各部门或科室的工作动态，这既便于具体工作部署，也便于工作监控，确保了教学管理工作紧张而有序地运转。教务处制定了学年常规管理工作时间表并发至各有关部门。

5.管理机构高效化

管理机构是现代管理中管理主体的主要表现形式，是实现共同管理目标有不同分工但又密切协作的人员集体。教学管理规范化要求教学管理机构高效化。学校进行了机构和干部制度改革，调整了系、部、院建制，归并了教务处和物资设备与实验室管理处，健全了教务处科室机构，调整了教研室及实验室建制，充实、调整了教学、考试、教材、学位、督导等委员会，开展了全院、全员公开竞争择优上岗工作，精减了机构和管理人员，使管理机构设置更加合理，管理人员素质提高，责任心加强，办事效率改观较大，管理机构改革初见成效。

6.工作职责明确化

明确教学管理岗位的工作职责，是既分工又协作的有效管理的需要和保障。学校坚持“职责明确，任务清楚，各司其职，各负其责，协调配合，有条不紊”的原则，制定了各教学部门工作职责（包括教务处、教学单位、教研室和实验室），教务处及各教学单位均制定有处系负责人岗位职责，科室工作职责以及各类管理人员岗位职责，并实行了部门首长负责制和层层岗位责任制，以及目标管理责任制，把职责落实到岗位，保障了教学管理工作的高效运转，也减少了不少职责不清的“踢皮球”现象。

7.信息反馈经常化

从信息论的观点看，管理实质上就是以管理信息处理为中心的工作。管理信息在管理过程中起着上下沟通的纽带作用，也是管理决策的主要依据，亦是科学高效管理的有效途径，因此学校非常重视教学管理工作中的信息反馈，先后建立了教学信息员制度、领导干部听课制度、教学定期和不定期检查制度、干部巡视制度、党政领导联系教学点制度、教学督导制度、教学工作例会制度、教学研究活动制度等，及时了解和掌握、分析和处理教学信息，这对学校不断深化教学改革，规范严格教学管理起到了促进作用。

8.规章制度执行严格化

教学管理规范化实质上可以说是以“法”治校，依“法”治教，依“法”治学，做到有法可依，但同时还必须做到有“法”必依，执“法”必严，违法必究，人人平等，但其关键在“治”。几年来，学校严格按章办事，一视同仁，坚持客观、公正、公平的管理原则，对违反规章制度的学生、教师和管理者进行相应的处理，对执行规章制度较好的进行表扬或奖励。

9.管理手段现代化

管理手段现代化是现代教学管理规范的重要特征和要求。学校给每个教管单位均配备有电脑及配套设施，教务处各个岗位均有电脑和相应的工作软件，一些重要工作如学籍实行了专人专机管理。这些措施将一些琐碎的事务简明化、精确化，提高了管理人员的工作效率和工作积极性，也使管理工作更加科学、规范。

教学的科学化、规范化管理是学校的教学管理工作发展的必然要求，是提高教学质量和办学效益的重要基础性工作和重要途径，对于新建院校而言，教学管理规范化建设尤其显得重要。几年来，学校在这方面作了大量探索与实践，取得了一定成效，但同时还存在着一些问题和矛盾，需要认真研究和总结，我们相信，随着教学改革的不断深入，教育思想观念的不断更新，教学中心地位的不断强化，教学管理的规范化工作一定能取得更大的成效。

学校只有动员各方面的力量，才能更好地促进高等教育规范化管理的发展。

二、高等教育管理的规范化

知识经济给高校发展带来机遇，要向社会输出大量品学兼优、适应市场经济发展需求的人才，高校应进一步从教学管理的层面上进行科学有效的管理，建设一支政治强、素质高、业务精的管理队伍是关键。我们要充分认识建设管理队伍的重要性与紧迫感，优化和形成有利于管理队伍建设的政策、制度环境，加大力度提高管理者的素质。

1.科学化

科学的管理要求高校管理者充分利用先进的理论和现代科学技术，对高校进行全面的科学管理，促进高校人、财、物、空间、信息等管理要素的高效组合，得以提高教育质量和办学效益。完善与提高教育管理者自身素质和科学管理能力是教育管理成败的关键，对于学校的发展起着举足轻重的作用，直接制约着学校的发展。

（1）民主管理。进行民主管理就是要建立以人的全面发展为中心的教育管理思想核心，吸引与激励教师和其他教育工作者及受教育者关心和参与教育管理。首先，无论是构建领导体制还是管理机构都必须把有利于尊重人的个性特点和人格尊严放在首位，使具有强烈参与意识、受过良好教育的教师、学生及其他教育工作者能在所有办教育管教育的重大问题上享有发言权，这是教育决策的基本发展走向。吸收教授、学生、职工、校外各界人士及社会参与教育管理，这种管理体制，既有利于高校开拓资源，对市场经济、社会发展做出及时有效的反应，又有利于高校汲取更多民主、科学管理的营养，调动人的积极性、主动性和创造性。另一方面，淡化“金字塔”形等级森严的官僚化教育管理模式的影响力，使教育管理方式由行政主导模式向学术主导模式或学术主导为主行政主导为辅，或行政主导为主学术主导为辅多种模式嬗变，并以平面式、网络型的教育管理模式取而代之。《教师法》明确规定教师有权参与学校的民主管理，但事实上高校教师参与民主管理的权利还没有充分实现，他们在学术与行政事务中，没有多少管理权与知情权，行政管理和学术管理分工不明确，大部分的权力掌握在一些“职能部门”手中。因此，充分发挥广大教师和学生参与学校管理的积极性，有利于管理者依靠群众的智慧和力量，接受群众的监督，同时也有利于培养和提高教职工的民主意识。

（2）择优管理。新世纪教育发展目标是宏大的，而教育资源在任何时候都是“有限”的。教育管理活动中必将以充分发挥管理者的主观能动性，有效利用人力、物力、财力、信息、时间、环境资源，挖掘内部潜力，尽可能提出多种方案与办法，并充分进行比较研究，从中选出一种令人满意的方案付诸实施，以尽可能少的投入取得尽可能多的产出，以最佳的效果和收益的择优管理取代传统的不计教育成本、不讲经济效益的管理。同时引入市场机制，改革高校干部管理体制，逐步废除任命制，实行任期聘任制。干部任期聘任制的程序是：民主推荐，组织考核，竞争选拔，校长聘任。任期考核后，再按业绩结合德才条件决定任免与升迁。其中民主推荐是基础，一定要充分尊重民意，把大多数群众真正拥护的干部推选出来：竞争选拔与组织考核是关键，考核一定要量化，并严格按标准进行，绝不能走过场。任期考核一定要发动群众评议与组织严格考核结合，这是决定任免与升迁的依据。

（3）承诺管理。新世纪教育系统的教育工作者必将以考试、按需设岗、择优聘用和解聘的方式取代传统的派遣、组织调动的方式。因而，教师和其他教育工作者将自愿地选择并承诺完成某项教育、教学、科研及其他行政工作，然后由管理者授予其相应的职责、权利和条件。教师和其他教育工作者需要对自己的工作质量负完全责任。

（4）成就管理。教育管理者将特别注意创造条件使教师和其他教育工作者在教学和管理工作中充分发挥创造性，获得更多的成就——培养更多的高素质的人才，创造更多的新经验，发表更多的科研成果，并以其质量的高低决定升迁，从而进一步激发教师和其他教育工作者的积极性；在定岗、定编、定员和实行岗位责任制的基础上，按权、责、利、险四统一的原则，实行劳绩酬挂钩，奖勤罚懒；管理者把教育资源向各校或院系分配时，要按照效益与公平的原则进行合理分配，鼓励教育质量高、投资效益好的部门或学科，除按基本定额拨款之外，要在事业发展经费、学科建设经费、重点实验室建设经费、科研经费、师资培养经费等方面进行重点倾斜。

（5）质量管理。我国高等教育评价基本上是通过“专家咨询，领导拍板”的方式确定的，院校内部缺乏进行评价的动力，除了政府，似乎整个社会都对高等教育评价缺乏热情和需要。许多院校在政府组织的评价中处于被动应付的地位，甚至不惜弄虚作假以求过关，他们知道必须通过政府的评价，但是评价过后便偃旗息鼓，政府并无相应的奖惩措施，也就是说高校不能通过政府的评价来促进高等教育质量的发展。所以目前高教评估呈现出高度的封闭性，缺乏社会的支持和响应。我国高等教育评价制度必须建立社会评价，鼓励社会用人部门参与高等教育评价，是保证高等教育质量的必要条件。但我们更应该对评价各个环节的客观公正性和合理性做出判断，并将评价结果向社会公布，这些结果在一定程度上成为院校声望的基础，并根据社会的需要和变化主动改进自己的工作，加强学校与社会工商业界的联系，形成评价对于院校生存和发展意义的意识，通过建立一种“评价—政府和社会认可—学校获得发展的动力”的机制，让院校把自我评价与接受外界评价视为一种发展机会，从而主动自觉地参与到高等教育评价中去。院校一旦获得教育质量评定方面较高资质等级，就会为自己在生源市场与就业市场以及经费来源、人才招纳等方面创造有利的地位。这样，院校提高质量的努力就会真正与其生存和发展紧密联系在一起，对院校进行评价的需要就与质量保证结合在一起。院校的自我评价与提高质量的努力就会成为一种自觉主动的行为。

2.法制化

随着我国社会主义法制建设的进一步加强和完善，我国的教育管理将主要依靠教育法律。认真研究和分析这一转变，深刻认识转变的必要性与可能性以及教育法律在现代教育管理中的价值，对于正确树立依法治教的观念，增强依法治教的自觉性具有非常重要的意义。计划经济体制下的教育行政管理关系以管理与被管理的纵向型关系为主，市场经济体制下的教育行政关系则主要是平等主体之间的横向型关系。譬如学校与教师之间的聘任关系就是一种典型的基于双方地位平等、双向选择原则而形成的横向型法律关系。对于这些横向型的教育法律关系，单靠教育行政部门依据教育政策进行纵向型的行政管理已经远远不适应了，这就要求教育管理要依靠教育法律来规范各教育主体之间的相互关系。这种教育管理的转变是教育行政部门管理职能转变的客观需要。教育管理职能的转变要求教育管理的依据、方式和手段也要发生相应的改变，也就是要建立法治管理模式。而实现教育法制化的前提则是教育立法。我国已出台《学位法》《义务教育法》《教育法》《教师法》等多部教育法律，并以此为依据相继制定了一系列教育行政法规、规章等。

依法加强高校教育管理工作是依法治教的客观要求。用法律来保障教育发展，规范教育管理，协调教育关系，调解教育纠纷，保护师生和学校的合法权益，保护教育改革成果，这是广大教育工作者以及全国人民的愿望和呼声，也是我国教育事业健康发展的重要保证。近年来，高等教育改革的步伐越来越快，作为受教育者在履行了支付学费、书费、住宿费等义务之后，就需要更高级、更优质的服务。他们完全可以作为法律关系的一方，依据公平合理、等价有偿的基本原则，要求作为法律关系另一方的教育者提供应有的服务。同时在办学主体多元化、教育形式多样化、教育对象全民化的现实情况下，各种教育利益的冲突是不可避免的。这些都要求受教育者和教育者依法来维护自己的合法权益。目前国家已经颁行的教育申诉制度、仲裁制度、行政复议制度、行政赔偿制度、行政诉讼制度等，是维护教育法律关系主体合法权益不受侵害的依据，但还没有得到完善实施。这就要求教育行政管理部门工作人员加强学习，增强法治观念，努力提高宏观决策和管理能力，真正做到依法治教、从严治教。

不仅如此，更要注重全社会对依法治教的支持和重视。从形式上看，我国高等教育已构成用法治管理教育的态势。但是我国现阶段已颁行的教育法律法规的实施还存在许多问题，我国良好的教育施法环境还没有形成，人们对教育法的认识尚不到位，有法不依、违法不究造成的“半途而废”现象并不少见，教育法律法规的效力发挥不够，影响了教育管理工作的有效运行。教育法的许多条款难以得到全面落实。因此，强化全民族的教育法制观，推进教育法制化进程是新形势下教育改革和发展的必然要求。另一方面我们还应看到，我国的教育法规还不够完善和健全，应加强立法，如高等教育管理法、高等教育评估法等，真正实现依法管理，为教育管理走上法制化轨道提供充足的依据。加强立法工作是对高等教育进行宏观控制与调节的重要手段。政府通过立法确立学校的自主权地位、教育投入的法定标准、国家和地方办学的权限、政府的宏观管理，明确政府、学校、学生三者的责、权、利等，是学校实现教育法制化、规范化的重要手段。通过法律保障行政、经济、道德等管理手段的有效实施，才能使教育管理进一步规范化、法制化。

3.国际化

如果对目前我国的教育管理理论做一个判断，应该说离国际化还存在一定差距。我国教育管理的现状还不能适应教育与教育管理国际化的要求，实际运行的教育管理基本上是经验加政策导向式的，突出地表现为靠红头文件等办事，管理的科学化水平很低，严重制约着我国教育事业的发展，制约着我国教育与国际接轨。国际化了的高等教育应当是一个先进的、开放的、充满活力的体系，它表现为一种理想的大学模式状态。将国际的、跨文化的、全球的观念融合到本国高等教育教学、科研和社会服务，使教育思想、模式、内容以及课程、教材、教师、学生与国际交流，使大学教育面向世界，以具体多样的高等教育活动为载体，吸收借鉴世界一流大学的办学理念为核心，建设改造高等教育管理模式，促进本国高等教育体系的完善，这是从高等教育本身对国际化的深刻把握。教育管理国际化的目的是提高师资水平和教育、教学质量；为学历学位的相互承认创造条件；选择优势学科重点扶持，提高国际知名度。

现阶段我国高等教育领域的国际交流越来越频繁。为了更好地进行这种日益扩大的交流，我们的教育和教育管理应该国际化。同时，教育领域的国际竞争也越来越剧烈。英国、美国、澳大利亚等国已经把教育作为一个产业来参与国际竞争，每年获得可观的外汇。我国有越来越多的人到国外去求学，有越来越多的家长已经和将要把自己的孩子送到国外接受教育，国外的竞争对手从我们本来就不富裕的教育经费中挖走了可观的数额。这就要求我国的教育和教育管理必须向先进的国家学习，与国际接轨，走国际化道路。这种教育应通过吸收国外先进的教育管理理论来建构我们自己的教育管理理论，即在人才培养规格、教育内容、教育模式和教育手段等方面全面与国际接轨，形成一种面向世界、面向未来培养国际化人才的国际化教育。通过向先进的国家学习，走教育管理的国际化道路，能够更快速地突破现有的教育管理模式，提升教育管理水平，适应教育和教育管理国际化的要求。

本书从科技化、法制化、国际化的角度阐述了高等教育规范化管理的发展。高等教育管理只有更加科技化、法制化、国际化，才能更加规范化，才能促进高等教育的发展。

第二节　民办高等教育管理规范化的制约因素

民办高等教育是高等教育市场的产物，中国民办高等教育经过多年的发展历程，对满足不断增长的社会需求，推动高等教育的大众化具有积极意义，但由于缺少规范的管理，其问题日益凸显。优化其外部环境，加强内部管理，拓展融资渠道对帮助民办高校提高自我生存与发展的能力、促进民办高等教育整体的健康发展起着积极的作用。

一、民办高等教育管理中制约因素

民办高等教育在高等教育发展和社会经济发展中做出了重要贡献，发挥了不可替代的作用，但在发展中也暴露出许多管理上迫切需要解决的问题，主要表现在以下几个方面：

（1）专业设置。专业设置与审批上管理不规范。民办高等教育的专业设计侧重短、平、快，这是他们专业设置的优势。但有些民办高等学校的举办者缺乏市场预测和分析，不以市场需求定专业，一哄而起。政府行政部门的审批也不规范和严格，有的审批甚至出自支持或扶持的美好愿望，对于民办高校的师资力量、课程设置及规模发展在心理上就有种倾斜，导致要求有所降低。加上民办教育的自主管理权相对宽松，政府行政部门的管理力度就显得较小，民办高校出现把学生招来后所学内容与招生宣传上的专业名称根本不一样的情况。这样做的后果从长远发展来看，无法支撑起学校后续发展，影响学生就业，又有与社会经济发展趋势相脱节的危险。

（2）学校内部管理。学校内部管理尚不规范。有些民办高校就是夫妻学校或家族学校，管理缺乏应有的民主机制和监督力量，其内部管理没有规范的流程。特别是某些民办高校对学生和老师的管理没有完整的规章制度，自主随意性也很大。有些学校对学生思想品德教育疏于引导和管理，严重者甚至对学生进行不健康的世界观、人生观教育，称之为所谓的“适应社会教育”，使学生对金钱、名誉、就业产生不正确的认识。因为政府没有一套适应民办高校特点的学生思想品德管理规范，严重影响了人才思想素质的培养和提升。

（3）师资队伍。师资队伍力量比较薄弱。据全国民办高教委“百所民办高校”的调查统计，2/3的民办院校专职教师人数不超过40人，有近80%的民办高校没有专职教师或专职教师人数很少。一是专业教师缺乏，许多专业的课程几乎无法开设，但因为是热门专业，学校请些老教师或相关专业的教师苦撑着；二是专职教师比例少，有些民办高校基本上没有自己的师资，靠到公办高校东拼西凑聘请老师，即使在有自己专任教师的民办高校，大多也是专业教师短缺，素质参差不齐，且流动性大；三是教师水平低，教师录用没有标准，还出现有中专应届毕业生教大学本科的情况；四是教师年龄结构不合理，教师年龄结构呈“哑铃”状，大部分是退休教师和刚走出校门的大中专毕业生，缺乏中坚力量。这种老教师知识老化，年青教师教学经验不足的矛盾，制约了学校教学质量的提高。

（4）招生行为的无序竞争。招生行为的无序竞争引发信誉危机。目前，民办高校为了自身的生存，招生压力很大，加上公办高校和独立学院的挤压，民办高校的“招生大战”正在愈演愈烈。再有，招生回扣之风盛行，每生从300元起达到800～1000元，把中学老师引诱成为了招生专业户，招生比教书更加有赚头。民办高校的这些回扣肯定是羊毛出在羊身上，又必须从学生身上节约回来，这样一来民办高校的教学投入会更加减少。招生回扣也严重影响了整个高等教育的招生秩序，反过来又影响了民办高校自身的社会声誉和信誉。

（5）财务缺乏监管存在潜在风险。民办高等教育是社会的公益事业，其利益多则牵涉到几万学生，少则是上百的学生，这些学生的教育和成长利益应该得到保证。但是，目前民办高等教育的财务管理没有严格的规定，有些民办高校经济条件很差，难以维持下去，濒临倒闭；有些民办高校举办者回报率收取太高，影响了民办高校应有的教学和科研活动投入。由于国家和地方都缺乏相应的法律法规规范，在现有管理体制下，一旦学校出现经营风险，成千上万学生的利益保护出现问题，尚缺乏相应的防范措施。因为民办高校既然是市场化经营，就不可能保证它永远赢利，它有退出和倒闭的可能性和必然性。但是，民办高校的退出或倒闭，不应该让学生为此买单，因为教育的公益性必须保证学生的利益。所以，办高校应该建立严格的财务管理制度，有风险预警机制，有风险防范措施。

二、民办高等学校管理不规范的成因

民办高等学校存在的以上种种管理上的不足，其原因是主、客观两方面造成的，主要有：

（1）政府管理不统一。由于历史的原因和现实的政策措施及舆论导向问题，社会上仍然有不少人对发展民办教育存在着模糊认识，包括一些教育行政部门的领导，瞧不起民办教育，甚至歧视民办教育，对发展民办教育采取消极态度，他们在具体问题上对民办学校（如招生）实行封杀政策，不容许辖区内公办学校和个人向民办学校提供生源等等。在审批权限上缺乏统一归口，多头审批、多头管理的现象依然较为严重，造成民办高校的举办随意和混乱，没有统一和规范的标准。《民办教育促进法》提出国家对民办教育在工商、税收、土地划拨、融资等方面实行优惠政策，但在具体操作过程中，往往难以落实，更有甚者，在部门利益驱动下，对民办学校巧立名目、索拿卡要，严重损害了民办高等教育举办者的利益，给民办高等教育的规范发展带来了不利的影响。

（2）管理理念偏差。部分民办教育投资者和举办者办学思想不端正，以赚钱为目的；一些民办高校的举办者缺乏教育所必备的专业知识，不熟悉教育规律，在对办学的认识上一味追求“以最小的投入在最短时间内获得最大收益”。为利益驱使的民办教育表现出急功近利、没有长远规划。有的学校办学规模发展了，但举办者的管理理念、管理方式却跟不上学校的发展步伐，没有建立起有效的管理模式和激励机制，在繁荣的外表下潜伏着危机。由于学校的基础建设投入巨大，一些缺乏资金来源的学校因陋就简，各种隐患重重，让人十分担心。由于国家扩招政策的影响，民办高校专业教师数量短缺，素质参差不齐，特别是热门专业的教师，更加难招聘，于是降低标准，乱聘教师，造成教学质量低下，学校声誉差。这反过来又造成学校招生困难，生源质量低下，制约了学校教学质量的提高，影响了学校的规范发展。

（3）依法管理不到位。一方面，教育行政部门仍然习惯于运用直接的行政手段对民办教育进行管理，而民办学校由于实行自主办学，具有灵活的用人机制和投融资途径，传统的行政管理方式难以奏效。另一方面，由于国家没有出台有关民办教育管理机构设置及其工作经费渠道，使得很多管理工作在开展上心有余而力不足，导致“依法管理”难以落实到位。

（4）投融资管理体制不畅。投资民办高等教育对主办者素质要求高，高等教育产业的专业性比较强，因此，民办高等教育的投资主体范围不广泛，许多想投资民办高等教育的人因为没有相应的专业知识和素质，对高等民办教育不敢贸然投资，这也影响了民办高等教育投资主体的多样性，造成了民办高等教育资金的筹集比较困难。又加之国家把教育作为公益事业，对其赢利有诸多规定和限制，有些管理者也错误理解了民办高等教育的赢利问题，造成民间资本投资民办高等教育的积极性受阻。

第三节　民办高等教育管理规范化的解决策略

中国民办高等教育为中国实现高等教育的大众化作出了重要贡献，已经成为中国高等教育事业的重要组成部分。但随着高等教育向提高质量和注重内涵发展的转变，民办高等教育只有规范管理才能健康发展，要优化其发展的外部环境，规范内部管理行为，加强监督评估。

一、规范民办高等教育管理的着力点

如何更好地规范民办高等教育管理，笔者从规范民办高等教育的发展，当前尤应在以下几个方面取得突破，从而带动整体事业的发展。

（1）优化民办高等教育发展环境。民办高等教育相对于强大的公办高校，属于弱势群体，需要一定的空间和环境才能发展壮大，只有经济环境、社会环境、法制环境等得到合理的设置，民办高等教育才能规范发展。政府要更多地借助市场机制发展民办高等教育，为其发展营造一个更为合理、规范、相对宽松的法规与政策环境，是民办高校发展的基本要求。平等对待、公平竞争是市场经济体制的基本法则。享受与公办学校同等的政策和优惠条件，是民办高校在激烈的教育市场竞争中生存和发展的必要条件之一。中国民办高等教育的发展得益于改革开放的大环境，得益于计划经济向市场经济的转轨。但就其总体和实践而言，公平、规范的政策环境并没有建立起来，甚至可以说，民办高等教育发展的许多运作机制并没有得到法律和政策的保障，这使本来就先天不足的民办高校的发展更加困难，因此，必须优化民办教育的政策环境。

（2）规范民办高等教育的内部管理模式。内部管理是民办高等教育健康发展的前提，也是现阶段高等教育发展的关键，是民办高等学校的办学特色和优势所在，也是容易出问题的地方。无规矩不能成方圆，民办学校的内部管理也应该遵循管理科学的规律，按照民主、科学、高效的原则，坚持专家管理，完善学校

董事会制度。

（3）拓宽投融资渠道，促进跨越式发展。要鼓励民办高校面向市场筹集经费外，社会和政府应该积极扶持。政府在给予扶助和资助的基础上，要允许、鼓励、支持、扶持国有经济以外的团体和个人投资兴办高等教育。从国外来看，给私立高校必要的资助是西方国家发展私立高等教育的重要措施之一，并且这种资助的额度也在不断加强。民办高校应主动争取社会各方的支持，拓宽经费筹措渠道。优化办学条件，广开财路，诸如与企业联办、引进外资、搞校办企业等，利用多种渠道集资，以创造更好条件吸纳更多求学者。在市场经济条件下，办大学不仅仅是管理大学，更重要的是把市场机制和理念引入办学体制，即学会经营大学。

（4）加强对民办高等教育的监管督导工作。首先，各级政府要加强对民办高等教育的领导，在加大扶持力度，为民办高校创造良好发展环境的同时，要进一步完善政策法规体系。我们建议成立由教育、劳动、人事、物价、税务、财政、公安、工商等部门负责人所组成的民办教育领导小组，负责协调各方面的关系，及时研究处理民办高校发展中的重大问题。各级教育行政部门要依法加强对民办高校的宏观管理和业务指导，要健全办学许可证制度和年检制度，加强审计监督，严格民办高校的财产监督和管理。要建立对民办高校的督导评估制度，完善评估体系，督促民办高校全面实施素质教育，不断提高教育质量。

二、高等教育教学管理规范化的主要措施

1.加强教学管理队伍建设

教学管理干部是高等教育教学管理工作的决策参与者和具体执行者，其基本素质、管理水平及业务能力在一定程度上决定了学校教学管理工作的质量。因此，加强教学管理队伍建设，优化教学管理队伍，是实现教学管理规范化和提高教学管理效率与水平的根本保证。由于教学管理是一项具体的、复杂的、繁重的而时效性、目标性、政策性很强的管理育人系统，它既服务于教学又指挥教学，其头绪多、任务杂、责任重、涉及面广、计划性强，管理者必须熟悉掌握教学运行规律，勤于思考，善于分析并统筹安排教学资源，平衡院部处之间的各种关系；还要善于对师生反馈的各类信息进行梳理辨析，敏锐捕捉问题，为学校发展

规划与制定教改目标提供依据，并将全校教学工作调控到最佳状态。因此，高等教育必须彻底转变教学管理人员只是从事简单、重复的事务性劳动的传统思想，充分重视加强教学管理队伍建设。首先，必须建立和谐、完善、高效的教学管理机构。因为教学管理机构是高等教育教学工作正常运转的指挥和协调中心，健全教学管理机构，明确岗位要求和管理职责，是减少乃至杜绝工作中“踢皮球”、相互扯皮、推卸责任等现象，提高管理水平和工作效率的重要前提条件，直接关系到学校教学工作运行的质量和教学管理规范化的进程。其次，必须努力建设一支结构合理、素质高、能力强、相对稳定的教学管理队伍。高等教育在补充教学管理干部时应对他们的政治思想、道德品质、业务知识、行政能力等方面提出明确的要求，不能将各部门分流出去的素质差、能力低的富余人员充塞到教学管理队伍。同时，要加强对教学管理干部的业务培训，组织他们到兄弟院校参观考察或参加教学管理经验交流会、研讨会，学习现代教育理论和先进的教学管理经验，跟踪了解教育发展动态，促使他们不断进行知识更新，自觉提高自身的专业素质和管理水平，增强事业心及使命感，与时俱进，更新教学管理理念，以灵活的管理方法和手段处理繁杂多变的教学事务，有效地控制教学管理的全过程，实现最佳教学管理绩效。

2.完善规章制度与教学基本文件

完善的规章制度与教学基本文件是教学管理规范化的前提，也是实现人才培养目标的重要保证。高等教育要实现教学管理规范化，首先必须加强建章立制，完善教学管理的规章制度。即应该遵循教育教学规律，结合本校实际，在广泛调研、考察和总结的基础上，以国家颁布的《教育法》《高等教育法》《教师法》等法律法规为依据，制定科学合理、行之有效、可操作性强的包括教学运行管理、学籍管理、专业、课程、教材管理、实验室与实践教学管理以及师资管理等一系列规章制度，并严格贯彻执行，使教学管理工作有“法”必依、有章可循，真正做到依“法”治校、依“法”治教、依“法”治学，使教学工作井然有序、规范高效地运转。其次，应规范教学基本文件建设。教学基本文件是教学工作的蓝图和依据，主要包括专业培养计划、课程教学大纲以及教师授课教案、课程表及教学日历等。其中教案、课程表和教学日历是授课教师使用的应用文件；而专业培养计划则是各专业人才培养模式的总设计，是组织教学的主要依据，是保证教学质量和人才培养规格的重要文件；课程教学大纲是课程教学的纲领性文件，是规范教学管理工作的重要基础。制订科学合理的专业培养计划和完善的课程教学大纲是教学管理规范化的核心，也是实现教学管理目标、培养合格人才的先决条件。为此，高等教育教学管理部门必须根据教育部的总体要求，结合学校的实际情况，制定专业培养计划的指导思想、原则意见和统一要求，根据培养目标确定课程设置及总学时数，合理安排必修课与选修课、公共课与专业课、理论课与实践课的恰当比例，用于指导各学院制（修）订科学的专业培养计划；教学大纲的编写应严格按教学计划的规定要求。培养计划和教学大纲具有相当的严肃性，培养计划一经制定，应保持其相对稳定并严格执行，在实际教学过程中要严格按照教学大纲的要求组织教学，使课程教学的目标、内容、考核等进一步规范化。

3.实行教学管理工作程序化

教学管理程序化其实就是指具体的教学管理工作步骤的高效、有序的组合。由于教学管理工作具有鲜明的周期性、较大的稳定性和较强的时间性和计划性，每学期或每学年的许多常规教学管理工作基本雷同，周而复始，不断重复，这就决定了大部分常规教学管理可以进行程序化运作。管理人员只要摸清其特点以及工作规律，掌握一学期或一学年每一阶段的日常管理工作，便可以根据既定的管理目标，科学地安排时间，制订出一套合理、高效的以学期或学年为主线的教学管理常规工作的最佳程序，有效地规范教学管理的全过程，使各项教学工作有计划、按步骤地进行，形成高效、有序的运行机制，确保教学管理呈现良好的循环状态。而对于一些临时性的任务，可以根据其轻重缓急穿插于日常工作中或急事急办、特事特办等，但应尽量不扰乱常规性教学管理程序，以免影响教学工作正常运行。而每学期或每学年开学前只要根据工作计划对管理程序稍作修改或完善即可沿用。这样既避免许多重复性劳动，节省时间，降低成本，又减少人为失误或疏漏，消除各种随意性操作，大大提高管理效能和工作效率。同时，简明的程序化流程图还可以反映各部门的工作动态，既便于具体工作的部署，也便于对工作的监控，使各部门、各学院对所需执行或落实的工作任务目标清晰、职责明确，对工作进度和达标要求等一目了然，确保了教学工作紧张有序地运转。

4.推进教学管理现代化进程

教学管理现代化是规范化管理的前提，是提高管理效率和管理水平不可缺少的条件。《高等教育教学管理要点》中指出，从事高等教育的教学管理，要注重现代管理方法在教学管理中的应用，推动教学管理的现代化。由于教学管理是学校运作的中心枢纽，教学管理水平的高低在某种程度上反映了高等教育管理水平的整体状况。而在当今信息社会时代，一所高校要走在时代的先进行列，其关键就在于运用现代网络信息技术建立计算机教学管理系统，实现管理的现代化。为此，高校必须充分重视计算机及网络信息技术的应用，积极推进教学管理现代化进程。首先，必须注重改进教学工作环境，创建现代化办公设备，为实现教学管理现代化提供必要的硬件设施。其次，必须注重采用计算机及现代网络信息技术，建立教务管理系统，管理学校教学资源、学生基本信息和学习成绩、课务和考务以及教师基本信息和业务档案等，辅助开展教学评估与质量监控，并对教学工作各个环节的信息及时地进行收集、传递、贮存、加工、维护和使用等，从而实现日常教务管理信息化与自动化。这样既改善或替代传统的手工管理，节省大量的人力与物力，把教务管理人员从繁琐的事务中解脱出来，提高教学管理的效率，又有利于教学资料存贮和数据统计分析，不仅方便、快捷，还避免人为计算的失误，为掌握教学状态与效果提供了科学有效的平台。同时，便于教务系统各部门之间相互进行数据传递与共享，尤其是通过计算机网络可以即时进行交流、沟通，直至为领导与决策实时提供数据依据，真正实现科室间、部门间的分工协作和信息共享，整体优化学校的教学资源，提高管理的准确性、实时性、可靠性、综合性，确保教学工作协调、高效地运转。

5.构建科学的教学质量监控体系

教学质量管理是教学管理的重要环节，构建科学合理的教学质量监控体系，对教学质量实行全面管理，是实现教学管理规范化的重要内容。为此，高等教育必须设立相应的专门机构，制订科学合理的教学质量评价指标体系，建立健全教学质量评价制度，组织实施全校教学质量管理工作，使之规范运作。第一，必须加强常规教学检查工作，坚持每学期进行期初、期中、期末教学检查，加强考场巡视，严格考试管理，有条件的公共课、基础课实行考教分离，提高考试的可信度。第二，建立领导听课制度、校院两级教学督导制度以及学生评教制度，坚持领导、专家（同行）、教学督导员、学生等“四位一体”的听课评价制度，多层次、全方位地对教学的全过程实行督导，强化过程管理和适时控制的效果。第三，建立教学质量信息反馈制度，聘请学生教学质量信息员，设立教学质量信息反馈信箱 ，及时获取教学信息，了解和掌握教学一线上存在的困难和问题，为更好地改进教学及教学管理工作提供准确的依据。第四，制订严格的教学事故和违纪行为处理办法，开展优秀教学成果奖、精品课程等各类教学奖项的评选活动，设立校长奖教金，奖优罚劣，激发广大教师积极投身教学的责任感和使命感以及“追求完美、追求卓越”的工作热情，从而提高教学质量和人才培养质量。

第四章

大数据时代信息技术与
高等教育深度融合的思考

第一节 信息技术如何融入高等教育

现代信息技术是高等教育改革与创新的制高点。笔者概述现代信息技术与高等学校教育的研究状况，指出今后相关研究的着力点与思路，为推动现代信息技术在高等学校教育中的应用研究提供借鉴。

随着经济社会发展进程的加快和现代科学技术的突飞猛进，高等院校正在从以往独立的“象牙塔”逐渐融入社会发展的洪流之中，各种来自于社会上的思想、技术、方式方法都在深刻地影响着高等教育实行和教育效果的实现。在这种情况下，高等教育是坚持以往的发展模式“闭关自守”，还是敞开高校的大门，以开放的姿态“兼容并蓄”就成为摆在高等教育面前的重要选择。值得欣慰的是，我国的高等教育实行者们作出了正确的选择，使得高等教育在现代科学技术的帮助下，培养的人才更加适合社会发展的需要，也使得高校的运行效率得到了前所未有的提升。时代发展到今天，高等教育的信息化已经成为一个不可避免的趋势，现代信息技术与高等教育的结合实现了对高等教育的重构，在一定程度上完成了现代信息技术的实践和应用。在这一过程中，除了要明确现代信息技术对高等教育的作用原理和产生的影响外，还应寻找整合的过程中可能和已经出现的问题，及时的、持续的对高等教育新模式进行优化设计，使现代信息技术能够真正地促进高等教育的改革与发展。但是，并不是所有高校的所有学科专业都对现代教育技术应用于高等教育持相同的欢迎态度，正确、客观地对待这一问题具有一定的现实意义。

一、信息技术与高等教育的关联：研究回顾与思考

1.2000年之前信息技术与高等教育的研究述评

鉴于新技术革命肇始于西方发达国家，信息技术、信息技术教育、信息技术在教育中的应用的实践与研究在国外起步较早且已取得了丰硕的成果，国内关

于现代信息技术与教育的研究始于20世纪80年代中期对国外相关研究的译介。比如，20世纪80年代中期，《江苏教育》《外国教育动态》《外语电化》杂志就刊登了关于西欧、北美地区信息技术应用于教育领域的译介文章，为国内信息技术与教育的关联研究奠定了前期基础。2000年之前，国内关于信息技术与高校教育教学的研究文献数量稀少、屈指可数。研究文献主要出现在20世纪90年代后期，这些文献从研究内容上可划分为两大类：

一是现代信息技术与国外高等教育研究。比如，汤志云译介了唐纳德·N.兰恩伯格关于“信息技术和大学：21世纪的一体化策略”；吴晓郁介绍了美国高校依靠信息技术改造高等教育的网络教学的做法与经验。

二是现代信息技术与国内高等教育研究——首先，几篇具有代表性的文献探讨了如下几个话题：高校教育发展与信息技术革命之间具有密切关系，比如信息技术与高等教育的社会化、现代化，信息技术为高等教育教学带来的影响与变化等。其次，针对迅猛发展的信息技术，有学者撰文指出，普及电脑信息技术是高校教学改革的新切入点。再次，在关于信息技术与高等教育具体专业、学科、课程教育的关联研究方面，有少量文献讨论了现代信息技术与高校的体育、外语、会计、文献检索等课程教学和德育等话题。总体而言，2000年之前关于现代信息技术与高等教育的研究主要停留在国外教育实践译介和理论探讨，关于国内教育实践及其理论的研究还极为匮乏，尚未全面开展研究。

2.2000年以来信息技术与高等教育的研究述评

2000年之后，国内关于现代信息技术在高校教育教学中的应用与实践研究数量逐年递增。笔者以信息技术和高校、大学、院校组合为篇名对CNKI的文献检索表明，从2000年至今，国内关于现代信息技术在高校教育教学中的应用研究可分为如下四类：

第一类研究是泛泛而谈的宏观性、思辨性、经验介绍类文章，比如“信息技术在高校教学中的应用浅析”“信息技术在高校教学改革中的应用”等，这类文献的研究停留在经验或感性认识层面，缺乏理论建构。

第二类研究是关于信息技术在高校教学中的应用，这类文献与第一类文献在研究方法上类似，内容也大多属于经验介绍或思辨讨论，缺乏具体的实践研究和理论参照。

第三类是现代信息技术与高校学科专业课程与教学的关联研究。这类研究主要探讨现代信息技术在高校相关专业课程教学中的应用问题，按照其研究文献数量排序，主要涉及高校体育教学及其亚类教学（比如篮球、足球、排球、健美操、健身操、速滑等）、外语（如英语、日语）、物理教学、经济管理类专业、计算机基础教学）、数学、影视教学、数控技术课、马克思主义理论教学、思想政治课、创新教育、实验教学、生态道德教育、历史教学、会计电算化教学、大学语文教学、金融学教学等。第三类研究从学科专业和课程类别分布来看，存在明显的不足：高校学科专业、课程类型和数量众多，但已有研究状况表明，尚有很多学科专业和课程教学未与现代信息技术予以关联整合。此外，从研究方法来看，目前关于现代信息技术与高校教学应用的实证调查性文献数量非常少，因此，基于科学方法的调查研究与实验研究在今后的研究中应该给予重视。

第四类是现代信息技术应用与高校教师。近年来，现代信息技术在高校教学的应用这一话题中的教师因素逐渐引发研究者的关注，也出现了一些关于高校教师与信息技术的教学应用的调查文献，已有调查研究大多涉及学校个案和个别学科专业，但被调查学科专业和教师的学科专业范围仍然十分有限。因此，今后的研究应着力扩大研究视野和范围，以高校教师为着眼点、开展较大范围的高校师资现代信息技术应用状况的研究。

3.信息技术与高等教育研究的思考

从上述国内研究现状的述评来看，已有研究虽然取得了一定的成绩，推动了现代信息技术在高校教学中的应用的研究，但客观地分析，已有研究在研究视角、研究方法、研究内容等方面仍然存在一定的局限性。此外，在现代信息技术与教育应用的实践层面，“信息技术的发展及其应用理应推动教育的巨大变革，但因教育的保守性——比如教育理念的保守、教学模式的渐进性变革以及教育管理体制的僵化，信息技术的应用还远远滞后于技术的发展，因此，需要采取措施协调教育与技术的关系，推动信息技术在教育中的应用，促进教育的发展”。

教育的保守性可能会影响现代信息技术资源的充分供给和有效使用。鉴于国内已有研究在研究视角、研究内容、研究方法、研究对象等方面存在的不足与问题，结合上述学者关于现代信息技术在国内教育应用中存在的滞后性及其成因，笔者认为，今后的研究需要更新观念、拓展视野，着力研究关乎现代信息技术在高校教学应用中的关键性因素，从而从根本上改善现代信息技术的高校教学应用质量。笔者认为，矛盾或问题的解决必须着眼现代信息技术在高等学校教育中的应用的外因和内因两个重要因素，因此，今后的研究应聚焦“学校现代信息技术资源供给”和“学校教师现代信息技术素养”这两个关乎现代信息技术在高校教学中的应用的外在条件和内在条件，这两个方面关系密切且共同作用于现代信息技术在高校教育教学中的应用与实践，这两个方面决定现代信息技术在高等教育教学中的成败。

目前，关于高校现代信息技术资源供给的研究尚无人问津，而关于高校教师现代信息技术素养和能力的研究文献数量有限且在研究视角、研究对象、研究内容还是研究范围上都还亟待拓展创新。笔者希望新的研究能致力于在理论参照基础上依据现代信息技术的内涵与所指获取高校现代信息技术资源供给的基本数据，分析供给状况是否适应现代信息技术推动高等教育改革与发展的潮流与趋势。参考高校教师信息技术能力的研究成果，调查高校教师现代信息技术素养状况，并针对存在问题拟定改进对策。

信息技术与人们的生活密切相关，它走进我们生活中的每一角落，彻底改变我们的观念和生活方式，也制约和限定了我们的学校教育，包括教育内容、方法、教学组织形式和教育教学手段。新媒体联盟发布的《国际教育信息化地平线报告》（2013高等教育版）指出，学习技术分析、平板电脑、游戏及游戏化、大规模网络课程、3D打印技术、可穿戴技术将成为未来几年内影响高等教育领域的六项技术。在此背景下，回顾已有相关研究，思考未来，从现代信息技术供给和现代信息技术使用人（教师）的角度如何研究突飞猛进的现代信息技术与高等教育的结合，对于推动高等教育的改革与创新无疑具有重要的现实意义。

二、信息技术与高等教育的整合机制研究

1.信息技术对高等教育的作用原理

（1）信息承载。在信息技术的作用下，人们可以脱离键盘与导线，通过新型的技术载体进行教学工作——观看课件、课程的视频以及收发电子邮件等。尤其在高校的许多教学科学研究中，往往需要计算机或者与其相关的机器设备的辅助，这样一来，高等教育工作中的诸多内容都可以通过信息技术来实现，这无论

对教师还是学生，都使得知识信息的传播有了新的载体，教学科学研究工作也能够得以顺利地开展，所产生的社会效益和经济效益也会比以往有所增强。

（2）资源共享。在我国，教育水平的差距是十分明显的，而信息技术的出现能够明显地缩小这种差距，无论是教师还是学生都能够得到中国最好学校的教育资源。在信息时代，各高校都非常重视信息化的建设，几乎所有的高校都已经开发出了自己的校园网络系统，学校与学校之间、学校与科研院所或者企业之间的资源共享已经基本实现，信息孤岛的状况得以解决。而信息检索技术在高校中的应用，使得用户能够更加快捷地寻找到校外的资源，这使得教育资源的共享达到了更深的层次，教师和学生无须考虑资源的位置，高校之间的异构连接可以将资源的共享发挥到极致。

2.信息技术对高等教育产生的影响

当今，信息技术正在不断地改变人们的工作、生活和学习的方式。21世纪以来，信息技术除了带给人们开放的思想、自由的知识与新颖的方法，同样给教育界在教育功能、教育内容、教育方法以及教育者角色定位上带来了一场巨大的变革。

（1）信息技术促进学校教育观念的转变。传统意义上的学校再也不是人们接受教育的主要场所。大学生主动进入计算机网络，成为信息网络的中心。大学将利用“远程通信”技术开展“远程教育”，这就使人们可以在各自选定的时间和地点接受教育，学生不用上学校，在家里就可以学到有关的知识。信息技术促使大学教育采取开放化和大众化的形式，会使大学更具生命力。

（2）信息技术对传统教学模式的影响。有效应用信息技术的优势，可以更好地达到教学的目标，培养学生的创新精神与实践能力。近年来教育技术在我国教育界备受关注，信息技术已成为现代教育改革的制高点，各国都在大力推进教育的信息化进程，高校培养出的人的素质与整个国家的全面发展有着重要的联系。高等院校要培养出符合时代要求的新型人才，必须注重自身的现代化进程，其中注重高校教师们的现代教育观念的培养和信息技术手段等的应用能力的培养，是高等院校现代化进程中的关键环节，这就迫使高等学校必须对传统模式进行改革。

教师可以使用现成的计算机辅助教学软件或多媒体素材库，选择其中合适的部分用在讲解中；也可以利用Power point或者一些多媒体制作工具，编写演示文稿，或用图表、动画等展示动态的变化过程和理论模型等。通过合理的设计与选择，计算机代替了幻灯、投影、粉笔、黑板等传统媒体，实现了它们不能实现的教育功能。

将信息技术引入教学，主要完成师生之间情感与信息交流的作用。要实现上述目的，只需在有互联网的硬件环境下，采用简单的聊天室等工具即可。教师可根据教学的需要或学生的兴趣开设一些专题或聊天室，另外教师和学生还可以通过这些通信工具获取知识。根据一定的课程学习内容，利用多媒体集成工具或网页开发工具，将需要呈现的课程学习内容以多媒体、超文本、友好交互等方式进行集成、加工处理转化为数字化学习资源，根据教学的需要创设一定的情境，并让学习者对学习内容的理解和学习能力的提高。

信息技术作为信息加工与知识构建工具，它主要培养学生的信息加工、信息分析的能力和思维的流畅表达能力，强调学生在对大量信息进行快速提取的过程中，对信息进行整理、加工和再利用，将信息技术作为知识构建工具以达到对大量知识的内化，通常可以采用任务式教学策略，而且适用于中学。在教学过程中，教师要密切注意学生全部的信息加工处理过程，在其遇到困难的时候给予辅导和帮助。

（3）信息技术有助于高等教育的基础化和终身化。由于基础知识具有相对的稳定性、重要性和简约性，面对“知识爆炸”的世界，大学校园内有限时间的教育只能是加强基础，同时，利用信息技术的高效性，让学生有机会了解学科发展前沿，以利于开拓学生视野，提高对知识的驾驭能力，以便未来通过终身教育不断完善自己的知识结构。信息技术的发展有助于高等教育基础化和终身化的实现。未来社会高等教育的最终目标将会改变，不再只是为了一纸文凭，而是要终身受到教育。高等学校则可针对社会不同阶层人们的需要，提供网上各类各层次丰富多彩的教育课程。

（4）信息技术对高等教育教学环境的变革。以计算机技术、网络通信技术为代表的现代信息技术影响了社会生活的很多方面，并且迅速延伸到教育领域。现代信息技术使单调枯燥的教学环境趋向多样化。从投影仪、幻灯机进课堂，到录音机、语音实验室在语言教学中应用，再到电影、录像机和广播电视教育，现在发展到网络化的多媒体教学。随着现代信息技术在教学过程中的应用，传统的教与学的过程发生了前所未有的改变。在教的方面主要体现为教学模式、教学内容、教学评价手段的变更。这种教学形式能在较短时间内，传授更大的信息量等，而且还能增添新的特色，如学生网上提问、做作业，教师网上答疑、布置作业、改题、命题、考试等；学习时间和地点可以任意选择，只要学生方便，就可随时上网学习；学习内容与进度任意选择，难点可以反复学，已掌握的部分可以跳过不学；充分使学生主动参与学习过程，犹如身临其境。

高校是我国信息技术研究、开发、传播和应用、推广的主力军。但是，高校内部的很多管理工作，如人事管理、学籍录入、排课系统、财务、科研外事、房产水电气、图书馆、外宣等，大多还停留在传统方法上，如此一来，既造成人力资源的浪费，也会导致管理水平缺少全面、精确的分析，使资源利用不充分，办学效益不高。目前，各个学校虽建设了自己的校园网，但大多内容贫乏，使用不便，学校管理工作中的办公自动化程度使用率不高。

（5）信息技术对高等教育内容的影响。信息技术与课程整合将带来课程内容的革新，信息技术的高速发展，要求课程内容必须适应信息化社会发展的要求，增加与信息技术相关的内容，例如开设信息技术课程，以及在其他学科目标中加入培养学生信息素养的内容，并要求各学科课程都必须根据时代发展要求，革新原有过时课程内容。信息化环境中，教师的地位正在被削弱，学生的主体地位被充分体现，信息技术成为有效的教学辅助工具以及强大的认知工具。

信息技术与课程整合将带来课程资源的变化，信息技术的飞速发展，网络资源的丰富性和共享性，都冲击了传统课程资源观，课程资源的物化载体不再单单是书籍、教材等印刷制品，而且也包括网络以及音像制品等。

信息技术与课程整合最主要的是带来学习方式的革命，信息技术的飞速发展，对于人类的学习方式产生了深刻的变革作用。学生从传统的被动接受式将转变为主动学习、探究学习和研究性学习，从单一的学习方式向多样化的学习方式转变。同时数字化学习也将成为学生未来发展的方向。信息技术加快了整个社会的活动节奏，同时也对社会发展提出了更大的挑战。近年来美国、日本等发达国家频频出现青少年吸毒、自杀、犯罪上升的现象。由此可见，信息技术的高度发达在提高物质文明水平的同时，与之一体的精神文明建设则非技术之所能及。

（6）信息技术对高等教育教学方法的改革。第一，教师由“讲”变为“导”。有位教育专家说过：教学有法，但无定法。这句话意味着教学必须有方法，而且方法要不断改革和创新。有人怀疑信息时代的多媒体计算机教学软件将会代替教师的角色，但信息时代的教师仍然是一个非常重要的教育角色。而且教的方法已经有本质上的变革。“教”师已经变为“导”师。教师在传授了基本的知识后，主要任务是引导学生进行积极主动的学习和探索活动。只有这样才能充分发挥学生的潜在能力以及丰富的信息资源的作用，达到教学效果的质与量的提高。

第二，学生由“听”变为“学”。信息时代的教学过程中，学生承担的责任应该更多，具有更大的主动性、创造性。网络等技术拓宽了学生接受知识的范围与途径。现在学生自己就可以通过检索数据库、专家教学系统自测自学，还可以通过国际互联网向世界各所学校调阅资料。信息时代，教科书与教师不是仅有的知识来源，学生除了从课堂上学习知识外，更重要的是运用学习的技能。

综上所述，只有采取多种积极有效的实践措施，帮助高校教师提高现代教育技术水平，才能使高校教育技术实现跨越式健康发展，才能适应用新理念、新技术培养新人才的信息时代要求，走出一条以信息化带动教育现代化，以信息技术应用牵动学校跨越式发展的成功之路。

3.高等教育中应用信息技术存在的问题

（1）调查方式。信息技术在高等教育中的应用能够在一定程度上改变大学生接受教育的方式，改变高等教育的模式，推动高等教育的信息化发展。但是，从信息技术与高等教育的最初结合到如今的主动整合仅仅不过几年的时间，两者之间的“磨合”并未成熟，还存在着一些亟待解决的问题。为此，从统计学的角度出发，按照高校本科专业目录中学科所属分类，通过随机分层抽样的形式，对我国中部六省区的1所985高校、3所211高校和2所二类本科高校中的哲学、经济学、历史学、法学、教育学、文学、理学、工学、农学、医学、管理学专业的共2420名在校大学生进行了调查。在本次调查中，研究人员设计了相应的问卷，在6所高校中的不同学科专业分别发放问卷200份，有效回收率为86.3%。

通过调查发现，我国中部六省不同学科专业的大学生对于信息技术与高等教育的结合持不同的态度，从平均的角度讲，表示赞同的达到57%，其余态度占到43%。其中，赞同将两者整合在一起的学科专业主要有经济学、教育学、理学、工学、医学和管理学，而尤以理学、工学和管理学的“呼声”最高。相比之下，哲学、历史学、法学、文学和农学对高等教育应用信息技术的意愿并不明显，表示“赞同”的比例只有农学达到了42.9%，其余均未达到30%。

通过调查发现，不同的学科中，对信息技术的使用情况是不同的，即便对信息技术与高等教育持相同态度的学科，在信息技术的选择类别上也表现出了较大的差异。对经济学、教育学、管理学来说，经常使用的信息技术主要是通信技术和网络技术，偶尔使用控制技术；对哲学、历史学、法学、文学、农学和医学对待通信技术和网络技术只是偶尔的行为，其中，医学对电子技术、感测技术和控制技术却经常使用；对理学来说，经常使用的信息技术是电子技术（包括微电子技术和光电子技术等）和控制技术，对工学来说，网络技术只是偶尔使用，而对于其他的信息技术，则要经常使用。可见，在众多学科分类之中，工学对信息技术的应用范围最为广泛。

（2）存在的问题。在研究中发现，高等教育中应用信息技术存在的问题主要在以下四个方面：①部分学科在应用信息技术方面存在观念上的问题，不但大学生的主体性难以得到彰显，还会使信息技术与高等教育的结合产生一定的反作用。在“观念”方面存在问题的学科多为不对信息技术与高等教育整合持“赞同”态度的哲学、历史、法学、文学等。相反，经济学、教育学、理学、工学、管理学等学科在“观念”问题上则表现“平平”，其中，理学、工学在该项上占比仅9.2%和5.4%。②在对信息技术的应用模式方面，所涉及的11个学科都存在一定的问题，且彼此之间的差异不明显，只有法学学科在该项目上的占比为14.3%，其余学科占比均在20%以上，农学甚至占到了41.4%。这说明，信息技术在与高等教育整合的过程中，整合的模式是较为关键的，部分学科由于整合模式的失范导致整合的效果不理想。③在对信息技术的应用层次方面，虽然该项上的占比21.7%，明显低于上一选项的30.2%，但是其中存在的问题同样是不容忽视的，这是因为，信息技术与高等教育的整合层次直接影响着高等教育的效果和效率，其中尤为需要引起注意的是经济学、理学和管理学这三个学科，三者在该项目上的占比分别为31.3%、38.1%和31.1%，处于较高的水平。④在资源的提供和应用方面，不同的学科表现出了不同的水平。其中，教育学、理学、工学和医学的资源瓶颈最高，占比均超过了20%，教育学的占比更是达到了32.8%。

综上，笔者认为在高等教育中积极引入信息技术的同时，还应及时关注两者整合过程中可能出现的问题以及这些问题可能导致的后果，保证高等教育的质量。

4.基于信息技术的高等教育教学模式优化途径

从社会学和哲学的角度讲，任何事物的结合都不可能是“完美”的，其中的残缺部分有的需要时间弥补，有的需要外在的力量加以修复。在信息技术应用到高等教育的过程中，由于整合时间的有限性和整合方式的不规范性，使得这两种事物的结合存在着亟待解决的问题。只有发现这些问题的表现和形成的根源，才能有针对性地对其进行修正，让信息技术更好地为高等教育服务，也能使高等教育更好地促进信息技术的发展和应用。

（1）网络探索教学模式。该教学模式是以学生为主体的一种教学模式，其目的在于培养创造性的人才。因此，在教与学的关系处理上，要正确认识“教师主导”和“学生主体”之间的辩证关系，重视教师和学生主动性的同时发挥。在教学组织方面，需要突破单一的班级组织形式，最大限度地发展大学生的个性，因材施教；同时，要强调不同学科之间的相互渗透和融合，处理好传统和现代、继承和创新之间的关系：在教材的选取和建设方面，要适应当代信息技术的发展潮流，全面地吸收和利用信息技术的发展成果；而在教学方法方面，应该应用建构主义的教学理论，依据不同的教学内容与教学目标，重视多种教学方法的优化组合。

（2）模拟环境教学模式。该教学模式是直接应用信息技术生成一个具有逼真的视觉、听觉和触觉的模拟现实环境，大学生在这一虚拟的现实世界中，进行知识、信息之间的交互。这种虚拟现实技术能够使学生体验到现实生活中难以遇到的现象，学生可以在这种虚拟现实的环境中进行科学实验、操作和科学探索，其效果和在相应的现实中的体验基本相同。一些建立在信息技术基础之上的新的教学模式和手段，能够将现代社会的先进管理思想融入其中，为企业等组织的决策、计划、控制与经营业绩评估提供全方位、系统化的管理平台，这能够使大学生自觉调整自身的状态，促使大学生进行主动的思考。

（3）协作研究教学模式。该教学模式指的是教师通过对信息技术的应用，向大学生提供不同类型的学习和研究专题，大学生能够在这种模式下，通过互相协作和角色扮演等参加到专题当中，然后通过校园网络等新的信息媒介，在设定的自由讨论区对相关专题进行交流和讨论。在这种模式下，大学生的创新意识、科学的思维习惯、发现问题和解决问题的能力将会得到全面的培养。该教学模式的教学目的是提供背景、发现问题、解决问题、交流成果，让大学生参与与体验知识形成的过程，提高学生的学习兴趣，发挥学生的创新潜能。

面对信息化社会，教学方法的改进已经迫在眉睫，世界各国都在加强教师的信息素质培养，把其作为整个教育信息化的重要组成部分，投入大量的人力和财力，以期通过教师信息素质的培养来改进教学方法、提高教学能力，最终实现教育的变革。

第二节　大数据时代高等教育如何更好地发展

现代信息技术的发展和应用催生了大数据时代，给高等教育带来了新的机遇和挑战。海量的数据、多样的数据种类以及快速的数据分析，促使高等教育迅速转型，呈现出新的发展趋势。市场的介入，促使高等教育资源配置由高校一元垄断模式逐渐转变为多元不确定模式；教学方式的变革，推动教师角色与职能的多样化；高等教育资源的全球化，促使单一校园服务模式逐渐转变为全方位立体服务模式；海量数据库的构建，推动高校管理的科学化；学习渠道的不断拓宽，推动学习者身份的多元化和学习观念的改变。

一、大数据时代高等教育提供者的变化趋势

大数据时代，高等教育资源的提供主体将更加多元，商业机构将更多地介入高等教育领域。作为传统高等教育资源的垄断者，高等学校转而成为高等教育资源供应主体中的合作者。高等学校的转型促使教师角色和职能的多样化发展：一方面，大数据时代的高等教育打破了时空界限，有利于教师在流动中实现学术和专业发展；另一方面，大数据时代对于海量数据搜集和处理能力的要求也对教

师的数据素养提出了挑战。

1.多元的高等教育提供者

传统高等教育模式下，高校作为高等教育的主要承载者，垄断着高等教育资源，掌握着开启高等教育领域的钥匙。大数据时代，商业机构依靠超强的数据收集和处理技术打开了高等教育领域的大门，打破了高校的一元提供主体模式，成为了提供高等教育的合作者。

第一，市场的介入。我国传统观念的高等教育提供者一般为普通高等学校、高等职业学校和科研院所，也不缺乏有高等教育性质的培训机构。目前，我国高等教育的提供者以非营利性教育组织为主，提供公益性质的教育服务。在大数据时代，互联网巨头依托强大的核心技术为大规模网络开放课程搭建平台，在提供课程交易的同时也带来了过程化的教学发展趋势。商业机构的进驻使高等教育资源的市场化成为不可逆转的趋势，引入市场为高等教育注入了创新发展的活力，推动高校在自由竞争的环境中强化危机和竞争意识，更新观念，夯实定位，推陈出新，面向社会提供更为优质的服务。如何避免过度市场化对高等教育的侵扰，降低“中间产品”市场对高等教育公益服务性质的冲击和影响，对高等教育而言是一个巨大的挑战。

第二，高校由高等教育资源的垄断者向合作者的角色转变。在大数据时代，学习者所获取的高等教育资源将不再局限于单一高校的一元提供者。高校不再是高等教育资源的垄断者，转而成为以学习者为主体所获取的高等教育资源提供环节中的合作者。高校发展成为实体与虚拟校园并存的校园形态。高校提供高等教育的教学资源，以网络运营商为代表的服务保障人员将大量多样的教学资源进行技术处理之后，通过网络平台向社会发布。在大数据时代，高等教育不再是一所高校垄断的资源，不同高校之间的教学资源和学习平台成为可供学习者挑选的“商品”，学习的主动权掌握在学习者手中，知识由高校管理人员和教师生产的产品这一性质变为学习者自由组织建构的个性化学习内容。

2.多样的教师角色与职能

大数据时代带来教学方式的变革，改变传统的以教师为中心的师生关系，对教师的专业储备提出更高的要求。打破时空界限的教学方式，将推动教师在更为自由的流动中提高学术和专业素养。海量数据的出现，既为教师提供学术研究的契机，也对教师的数据素养提出了挑战。大数据时代推进了研究范式的转变，教师只有提高信息抓取能力，才能把握学术前沿。

第一，传统的师生地位改变，教师的绝对权威受到挑战。传统课堂中，教师是课堂教学的组织者、教学内容的选择者和决定者，掌握解释知识的话语权，学生则被设定为被动的参与者，处于从属地位。在大数据时代，学习者的知识来源不仅仅局限于课堂，学生知识结构也打破了课堂教师教学框架，挑战了教师在课堂中的绝对权威，赋予学生以知识选择和解释的自主权，有利于民主课堂的实现，推动以教师为中心向以学生为中心的教学模式的转变。这一形势敦促教师需要不断地学习新知识，了解专业领域的最前沿，以适应越来越“智慧”的课堂对知识发展的需求。

第二，教师流动加快，学术交流渠道多样化。大数据时代大规模开放在线课程的流行，打破了课堂教学要求教师在固定时空传授固定知识的传统教学模式，促使拥有更多自主空间、灵活时间和机会的教师，通过校际间的自由流动实现学术交流、学术共享和学术共融。范围广、频率高的高校教师流动可以改变现今唯有学术声誉较高的教师可以实现校际间的学术交流，改变教师普遍通过发表文章阐发学术观点、其他教师只能通过阅读文章回应观点从而进行学术思想交锋的学术交流现状。

第三，教师的信息素养受到海量信息存储的挑战。依托海量数据搭建的数据库有利于教师了解前沿，为科学研究打下坚实基础，同时也为研究理论在较短的时间内得到讨论、改进或检验提供了便利条件。在大数据时代，要求教师拥有良好的信息素养，能够针对海量信息中掺杂的错误或虚假信息进行辨别，具备去伪存真的能力，以适应复杂多变的数据环境给研究带来的挑战。

第四，研究范式推陈出新，考验教师的专业能力。基于数据量不断累积增长的现实，图灵奖获得者、著名数据库专家JimGray博士提出了从以计算为中心转变到以数据处理为中心探求相关关系的数据探索型研究方式，即科学研究的“第四种范式”。在学术领域，研究者将更加注重对数据的大规模收集和存储，测量与统计方法将成为每位专业研究者不可或缺的“看家本领”。基于数据事实说理论据的实证研究将更注重对数据进行多样化、深层次的相关分析。大数据时代对教师的专业能力提出了更高的要求，不仅要求教师拥有良好的数据分析、处理能力，也要求教师拥有广博的专业涉猎面和极高的专业敏锐度。

二、大数据时代高等教育服务方式的发展趋势

大数据时代，网络开放课程、开放式学习交流平台和学习网络的建构为高等教育资源的全球化流通建构了“高速服务立交桥”。同时，融学生信息、教师信息和教学资源信息为一体的海量数据库，利用数据挖掘技术和数据分析评价技术为学习管理、学习评价、教师管理和教师评价等各个方面提供了新型的服务方式。大数据时代高等教育服务方式的变革，不仅消除了传统高等教育校园服务方式所具有的国别、校际、班级的空间壁垒，清除了学习时间的障碍，而且有效促进了高等教育资源的共享和文化传播，提高了国际间的交流合作，促进了教育资源在流动中的均衡分布。

1.全方位的服务网络提供丰富的高等教育资源

随着大数据风暴的到来，高等教育服务逐渐走出传统“课堂学习”的时空“围城”，进入全方位、宽领域、跨时空、多样化的服务时代。远程教育、网高等教育服务方式层出不穷，为高等教育的国际化提供了新通道，有效促进了高等教育公平的实现。

第一，网络开放课程丰富了高等教育形式。大数据时代下，网络开放课程是一种新兴的高等教育服务，它作为传统大学课程的有效补充而被广泛地采用。网络开放课程区别于传统课堂教育，教师与学生处于不同的时空，学生可以透过互联网、面授（函授）等多种不同管道互助学习，师生之间、学生之间可以跨越时空的障碍进行互动，服务方式相对灵活。同时，网络开放课程作为一种新的高等教育服务形式，打破了传统课堂“一对多”的模式，实现“一对一”甚至是“多对一”的服务。这不仅扩大了高等教育服务对象和优质教育资源的辐射范围，便利了跨国界、跨学校、跨学科的学习，推进了高等教育服务全球化，而且网络课程作为文化输出的一个重要载体，对高校文化、民族文化的传播也发挥了重要的促进作用。

第二，开放学习交流平台促进了高等教育资源共享。开放学习交流平台依托于大数据时代下巨大的有效数据源、数据挖掘技术及分析技术，利用微博、微信、易班等网络交流平台，以多样丰富的信息资源、便利的获取机制和全新的沟

通方式为学习者提供知识背景、学习工具、协作学习等各方面的支持。除了实现人际关系关联之外，还将知识点和学习者、学习者和学习者、知识点和知识点关联在一起，使学习者在已有知识、技能与经验的基础上，通过自主学习、协作学习、教学咨询等方式充分发挥优质资源、挖掘自身潜力。

同时，开放学习交流平台为不同知识背景的人创造了协同研讨、汇聚知识、共享智慧的新的学习模式。例如马来西亚在20世纪末就推出“联网学习宝库”网站，该网站连线了全国14个州图书馆，通过网际网络提供资讯和知识资源，为学生、教师、家长及公众建立一个自由、互动的免费交流平台，打造了全国性的开放学习平台。

第三，学习网络体系满足了多元学习需求。大数据融合卫星双向网、互联网、数字电视网和移动通信网“四网”，构建了以宽带卫星为核心的教育平台，为实现高等教育的全民覆盖和支撑全民终身学习提供了有效的途径。随着教育云计算服务平台的建立，大部分学习软件功能和存储将转移到网络上，用户只需要简单的终端（如PC机、手机、数字电视终端、PDA等）和简单的软件（操作系统核心组件、浏览器）就能够享受“教育云”提供的各种学习服务。另外，大数据融合电脑屏、电视屏、手机网络教育、学习交流平台、学习网络体系等各种各样的屏和虚拟屏“四屏”终端支持移动学习，为学习者随时随地提供各种各样的学习服务，满足了实时、多样的学习需求。此外，在线学习管理系统以及多元、智能、多维度的教育评价体系，特别是3D和2.5D相结合的虚拟学习环境，可以实现情景式教育、交互式教育等多种在线教育模式，为个人、企业的高等教育、职业培训和终身学习等多样化学习需求提供新的服务方式。大数据时代不受时空限制的学习网络体系的建构，在满足多元学习者不同的学习需求的同时，也为高等教育的大众化和普及化的全球进程提供了途径。

2.海量数据库推动高校管理科学化

在大数据时代，海量的教育资源、学生学习过程信息、教师教学等过程信息通过网络课程、音频、视屏等形式呈现立体化状态。大数据利用数据挖掘技术将纵向比较与横向比较相结合，挖掘各项教学信息的时间变化规律和发展趋势，为实现教学管理立体化、个性化、科学化提供全面、周到的信息服务。

首先，海量资源促进教学管理的精细化。大数据时代下，学习资料突破了单纯依靠印刷媒体的局限，从单一的印刷教材发展到网络课程、教学课件、音像制品、教学资源库（含试题库）、教材应用和服务支撑平台等多种立体化状态。同时，网上图书馆运用数据挖掘技术对图书馆的日志数据、借阅情况、书籍流通情况等数据的分析，挖掘出学生的资料需求、使用特点和时间分布等信息。这些挖掘到的信息将从教学活动的最细微处入手，指导图书馆的建设，实现最优馆藏模式，为学习者提供周到、细致的服务。

其次，数据分析推动学生管理个性化、高效化。高校通过收集学生入学时的家庭背景、求学经历、高考成绩、课程学习情况、社会活动参与情况、人际交往情况、心理健康水平、学期总结、教师评价情况等多样化、多类型的结构化或非结构化信息建立拥有海量信息的数据库。依托海量信息支持下的数据库，通过对庞大数据之间的相关关系进行相关性挖掘分析，可以为辅导员或班主任迅速了解学生个体信息、掌握班级学生整体情况、预测学生未来表现、设计实施个性化的学生辅导方案、建构科学的班级管理模式和提供个性化的学生管理提供强有力的依据。另外，数据的聚类分析可以发现自然集中起来的数据点。通过这些自然聚集的数据点，管理者可以挖掘具有相似的学习需求、相似的学习方式和相似的学习特点的学生分类集中管理，从而提高管理的效益。

最后，数据化教师评价推动师资管理科学化。大数据时代下，高校为具有不同教学经验和科研能力的教师（成熟型教师、青年教师、新晋教师等）建立了内容丰富的数据库。高校可以利用数据库对教师、院系和学校各年度、各方面情况的进行纵向对比评价，发现数据的跨时间变化规律，预测教师、学院和学校总体发展路线。同时，高校还可以运用数据库分析技术对各类型高校、同一高校内各院系和各个教师同一年度发展情况进行横向比较，评价教师个体、院系和高校发展的优劣势，为加强优势、弥补不足、反思教育资源投入比例等方面的决策提供科学的依据，从而推进高等教育决策的民主化进程，带动整个高等教育的发展。

三、大数据时代高等教育学习者的变化

1.学习者身份呈现多元化的趋势

在大数据时代，学习者的年龄结构不再局限于某一年龄阶段的学生，社会

公民不分等级、不分年龄阶段都有机会接受各类不同形式和类型的教育，受教育群体的范围明显扩大。大数据时代的高等教育适用性强，它对学习时间没有严格的安排，学习者可以根据自己的需要随时安排学习，这使得不同职业的人们在任何时间都拥有接受高等教育的可能。学习者可以不以学习为专职，接受高等教育的同时兼理其他事务。他们可以没有常规的校园生活，没有固定的上下课时间，学习和生活之间的界限模糊。这种空间和时间安排的相对灵活性使得越来越多的人接触到高等教育，终身教育的落实得到了进一步的保障。在大数据时代，高等教育对学习者的全方位开放使得学习者拥有基本的受教育权和各种受教育机会，不同年龄阶段的学习者均可获得高质量的高等教育资源的准入权，提高了教育效率，促进了教育公平。

2.学生学习观念多方位改变

学习者身份和学习需求多元化、学习方式日趋现代化、学习内容呈现爆炸式增长趋势，其学习观念也会相应地发生变化。大数据时代，学生的自主学习观念、团队合作意识、开放式学习理念和终身学习意识的增强是大数据时代学生学习观念转变的几大趋势。

第一，自主学习的观念加强。自主学习是与传统的接受学习相对应的一种现代化学习方式。它以学生作为学习的主体，通过学生独立的分析、实践、质疑、创造等方法来实现学习目标。现在高校的学习以传统的接受学习为主，而通过高校教师获取的知识相比于大数据时代下的海量知识而言是极其有限的。学生依赖教师知识传授这种单一的知识获得途径易将其置于被动地位，故自主学习观念的形成是大数据时代下海量知识学习的应有诉求。学生通过远程教育和课堂教育多种途径获取知识，根据自己的需求选择合适的内容学习、独立分析、探索，建构自己的知识体系和框架，自主学习的观念得以强化。

第二，团队合作意识增强。我国高校学生普遍缺乏团队合作的学习精神，个人主义泛滥使得学生的学习方式和学习观念趋于封闭。在大数据时代，掌握具体的数据已经不是那么重要，重要的是信息的获取和交流。在大数据时代，人人都拥有知识的准入权，但个人的能力和资源是有限的，这意味着谁能拥有不同来源的信息、获取更多不同领域的资源就能赢得更高的站位，因此合作意识的重要性也愈发凸显了。

第三，开放式的学习理念深入人心。大数据时代背景下，随着大规模的网络课程的开放和获取知识途径多样化，学生的学习思维逐步开放。学生原有的学习观念大多都局限在自我学习中，以信息封锁、信息固化为主的竞争方式阻碍了学生之间的交流。随着大数据时代的到来和知识全方位开放，学生的学习理念将更加开放，不再固守个人领地。另外，国与国之间，区域和区域之间的知识界限被打破，全球知识融为一体，各国之间的高校学生有更多的机会进行交流。高等教育的国际化进一步地促进开放式学习理念的形成。

第四，终身学习意识“大众化”。传统的学习观念认为，学习是一次性完成的，年轻的时候接受教育足够为以后的生活做好准备。而在大数据时代背景下，信息的更迭是非常迅速的，获取信息的速度越快就越能够抢占先机，个体必须不断地获取最新的信息、更新知识，持续不断地提升学习能力，才能跟上时代发展的潮流。终身学习能保证知识的及时更新，这已成为大众普遍接受的观念。因此，与大数据时代相适应的学习观念理所当然的是终身学习的学习观念。

四、大数据在高等教育管理中的应用

（1）实现大数据在高等教育管理中的广泛应用。在大数据背景下，若想实现高等教育水平的进一步提高，就必须将大数据应用到高等教育管理活动中，实现对高等教育多学科的广泛应用。目前，在高等教育教学活动中，不论是哪一个学科，都必须找到与大数据学科之间的契合点，从而将大数据应用到高等教育教学管理活动中，并借助大数据这个渠道与其他高等教育的学生和教师之间进行广泛的交流和探讨，通过大数据这个纽带，既满足了学生在日常的学习活动中对于知识的广泛需求，也在一定程度上促进了高等教育教学水平和管理水平的提升。

大数据时代，高等教育的管理可以实现资源共享，但对于广大高校的师生来说，实现不同学科之间的资源共享也有利于促进各院校之间的交流，帮助学生树立创新意识，培养学生的创新思维。与此同时，还可以促使学生走出去，到不同的国家、不同的院校去了解不同国家的文化，开阔他们的眼界，使他们在不断成长的过程中实现自己的梦想。

（2）大数据教学应当建立在传统教学管理的基础上。众所周知，不同学生有不同的性格、不同的生活环境以及并不完全相同的教育背景，如果一味用同一种管理模式对所有学生进行教学，势必难以达到预期的管理目的，也不利于实现针对化教育，因此应当将大数据教学建立在传统管理模式的基础上，实现大数据教学与传统管理模式的有机结合。对于那些已经有一定基础、自我管理能力较强的学生来说，如果一直应用传统管理模式对其进行管理，会使其一直处于消极应对的状态，不利于培养他们树立自我管理的主动性，也难以满足学生需求。

在这种情况下，教师对其应用全新的管理模式进行管理，例如应用微课进行教学，帮助学生在原有的基础上适当拔高，深入了解教学内容。当然，对于那些基础相对较差的学生，教师应该运用传统的教学模式，带领学生逐一进行学习，为学生夯实基础，培养学生的自主学习能力，开拓学生的学习思维。

（3）充分发挥微课的积极作用。微课是一种新型的教学和管理手段，在一定程度上消除了传统教学模式存在的弊端，打破了传统教学模式对时间和空间的限制，但值得注意的是，微课这种全新的教学模式无法真正代替课堂教学，教师应当正确地、客观地面对微课，了解其优势和局限性，充分发挥它的优势部分，将微课作为一种全新的辅助教学方法加以利用，从而达到进一步提高教学质量的目的。教师在制作微课的过程中，应当明确微课的最终服务对象是学生，因此教师所制作的微课视频必须短小精悍，将课堂的主要内容运用微课的形式传达给学生，使学生能够在短时间内迅速掌握教师在课堂授课的要领，从而为学生线下学习奠定基础。

第五章

大数据时代下高等教育管理观的嬗变

第一节　大数据时代高等教育管理模式变革

大数据时代引领高等教育管理模式向智慧管理发展，为了助推我国教育事业的优质发展，必须采取科学有效的举措来进行高等教育管理模式的改革。

大数据时代下教育事业提出了最新的发展目标和概念，主要就是在教育事业管理工作中，做好教育事业管理的变革，配合大数据时代发展的需求，确保教育事业能够全面提高核心竞争力。

一、大数据视角下的高等教育管理模式变革

在当前高等教育管理发展中面临一个大数据问题，即利用现代信息技术手段和平台，对规模较大、处理过程复杂、属性时时多变的教育信息进行科学、高效、专业的进行数据处理，这就是高等教育管理，步入大数据时代以推进教育大数据管理模式的变革。

1.高等教育管理大数据的变革导向

高等教育管理是教育主体在教育发展过程中运用相关的管理理念，管理手段和管理方式，对教育资源进行合理配置，使教育资源有效运转、实现组织目标的协调活动过程。这里反映出教育大数据管理模式变革需要科学的理念、先进的工具手段和优质的教育资源。由于信息时代过渡到大数据时代，云技术和大数据处理将引领着高效率和低成本的信息处理技术的发展。教育的信息处理过程也随之进入大数据时代，当前教育大数据的特点主要表现在以下几个方面：

（1）容量大，类型多，区域广；

（2）速度快，成本低，精度高；

（3）安全可靠，高效共享。

2.高等教育管理大数据的现状

网络技术发展步入新时代的标志之一就是云技术的发展，由于云技术的利用

使各类信息转型为大数据，由此高等教育管理开启了大数据的智慧管理的新篇章。

（1）大多数教育资源仍由政府掌握。在我国高等教育管理系统一直由政府主导，行政控制和政治指令下达给所管辖的教育机构来施行，对教育资源进行掌控和评价。由于各级教育机构缺乏主动性，他们为获得更多的社会资源和政府政策的支持，开始致力于扩大规模和科技研发，因此形成了当前教育资源缺乏统一管理的规范性和高度共享性。

（2）高等教育管理的工具理性向大数据和数据挖掘技术升级。现代高等教育管理中，工具理性是管理活动的实效价值取向，以选择最优方案、决策和手段为主旨，强调技术的可操作性。结合我国当前的高等教育管理宏观主导目标来看，体系庞大的国民教育体系缺乏大数据管理的实现工具和途径，大数据和数据挖掘等数字化、信息化技术如何科学高效地进行教育发展性评价和过程性管理，还需深入研究。

3.大数据视角下高等教育管理模式变革的理论及对策

大数据对现代高等教育管理模式产生了巨大的影响，因此社会各界关注教育模式的创新和技术研发。

（1）构建教育大数据管理理论。

①大数据高等教育管理的理论依据。大数据高等教育管理的理论依然以现行的教育治理体系为基础，以建设智慧管理体系为目标。2010年国务院颁布《国家中长期教育改革和发展规划纲要（2010—2020年）》，其中明确指出构建国家高等教育管理信息系统加快高等教育管理信息化进程，促进学校管理标准化，规范化。国家教育部也相继发布关于教育信息化创新与发展的相关报告，倡导高等教育管理信息建设的重要性，并提议加强建设高等教育管理信息化基础设施建设、教育基础信息库建设、高等教育管理信息系统建设、教育动态监测分析系统建设、教育公共服务信息化平台建设和教育决策支持系统建设等，在此提案下，大数据高等教育管理被确定为我国教育智慧管理的研究方向，这些将引领我们高等教育管理走向智慧管理，也将逐步成为我国未来教育的发展趋势。新的高等教育管理模式将实现教育公平、建立教育公共服务体系、充分发挥高等教育管理主体和教育服务对象的信息挖掘与价值利用，保障高等教育管理模式的变革优化，推进教育智慧管理的可持续发展。

②大数据高等教育管理的资源配置。大数据时代教育资源具有多样性和地域性等特点。如高等教育管理中的人、财、物、知识、技术等。种类多样，且来源各异，在资源的收集、整理、加工和再利用等过程经历庞杂，这就需要教育资源科学合理地配置。以人力资源为主导，充分利用信息技术平台挖掘隐性资源，再生资源价值，提升教育资源服务质量和个性供给，保障教育资源的合理性和公平性。

（2）大数据高等教育管理模式逻辑构建。

①模型构建。大数据高等教育管理模型是以高等教育管理对象、高等教育管理主体、高等教育管理目标和高等教育管理资源为核心要素，通过物联网、云计算、泛在网络等技术，建立起网络多级互联网，在共享云的环境下，优化完善高等教育管理体系，为管理者提供决策依据，为教育公共服务体系和教育对象提供个性化供给，合理科学配置教育资源，管理和督导四个核心要素的过程发展。

②应用建议。树立大数据高等教育管理思想。当前信息技术飞速发展，全世界都在通力研发新技术，在此科技背景下，高等教育管理变革的研究者一定要深入组建团队深入调研，做好成本预算，切合实际的对平台进行建设。也可采用试点式研发，从小成功推进大范围成功，注重经验积累，建立信息标准和规范，以及将应用型数据的有效整合和共享，使其能被借鉴和扩展利用并保障可持续发展。

二、大数据时代的高等教育管理模式变革刍议

全球经济一体化时代，竞争环境越来越严峻，高等教育事业之间的竞争更加表面化，世界各国开始关注如何实现全面提升高等教育事业自身的竞争力，以此来保证高等教育事业的长期发展，这也是目前我国高等教育事业发展过程中管理者最为关注的课题。而大数据时代正是现阶段提出的最新的高等教育事业发展方向，这一点是高等教育事业的发展和管理工作的决定性因素，因此还需要重点关注到大数据环境之下教育管理工作变革的具体开展模式。

1.大数据时代高等教育管理模式存在的问题

（1）高等教育事业专业化缺乏整体规划。在大数据发展的过程中，高等教育事业想要长久进步，还需要关注到其发展的专业化方向和整体规划的具体状

况，只有这样才能够在根本上促进教育管理工作的长足进步。但是就目前的社会发展形势来看，很多教育管理的事业在进步阶段，其专业化管理工作的开展并不顺利，还有很多方面存在着不恰当情况，主要就是投资的阶段相对比较盲目，这些都对教育工作正常的管理造成阻碍和影响，同时也对管理工作正常的运转以及未来的经营成果造成影响。所以据调查和统计也能够看出，在本书的研究中，部门教育工作的管理开展过程中并没有建立起良好的完善的制度，工作的模式和手段也处于传统和保守的环境之中，这一点也直接造成管理体系的缺失。

（2）高等教育事业信息化管理理念重视不够。现在的社会中，高等教育事业在用人时常选择年龄比较大的工作人员，主要就是因为这样的人员年龄较长，工作经验丰富，但是却完全忽视了这类员工接受新鲜事物的能力，因此这也导致很多最新的技术手段不能够与教育管理工作相互融合。甚至很多教育人员的素质存在差异，因此即便是使用了大数据进行管理，依然会因为人员技术手段的缺失，导致大数据在高等教育事业的使用难以正常进行。

（3）高等教育事业信息化培训目标不明晰。众所周知，很多教育单位受到传统体制的影响依然保持着传统的工作模式，大数据环境的发展需要相关人员具备扎实的信息化应用基础知识，因此，培训工作的重要性不言而喻。简单来说，就是过分看重加大高等教育事业信息化培训力度，但培训的目标往往不够明晰，这就导致了工作出现混乱的局面，不能很好地将有限资源充分利用。

（4）高等教育事业大数据管理缺乏系统性。在高等教育管理工作和管理模式进行的过程中，一般情况下都会出现的就是权力上的统一，这样的统一情况造成很多管理人员和工作人员的工作仅仅是为了一己私利，甚至在管理过程中，把传统的管理模式应用到高等教育事业之中。这一点也与管理改革存在着巨大的差异，同时在管理过程中，其整体的模式也缺乏系统性，很多岗位管辖范围过大，很多部门全覆盖，因此也造成划分不清的现象，这也严重阻碍了教育管理事业的顺利发展。

2.高等教育事业信息化应用问题的解决对策

（1）制订高等教育事业管理发展规划。当前，很多教育工作的管理模式都已经开始改革，目前社会中对高等教育事业的要求在不断地提高，因此最新的管理模式也呈现在人们的视野之中，这也在很大程度上促进了各个管理部门之间的改革。在这样的环境下，想要保证教育工作管理模式的变革，就需要顺应市场中教育环境的发展方向，以此更好地满足人们需求，最终实现高等教育事业管理工作的快速发展。

随着市场竞争的日趋激烈，这一动向也显得越来越重要，已经成为高等教育事业信息化发展的主流方向。高等教育事业信息化的应用也为其带来了一定的风险，包括：高等教育事业内部控制上的监管疏漏、高等教育事业人员的适应能力无法满足高等教育事业发展需求和信息化系统安全方面的要求等，因此根据高等教育事业实际情况制订可行的信息化发展规划已是亟待解决的问题。

（2）重视高等教育事业信息化管理理念。就目前大数据的社会环境来看，高等教育事业想要改革和进步，就要更好地推广信息化内容。对于传统教育行业中的管理人员来说，他们年龄比较大，很难接受新鲜的高科技事物和技术。在这种情况下，就需要转化人们的思想理念，使大数据的管理模式能够深入人心，保证改革工作能够贯穿整个教育管理过程，这样才能够提高整体的工作效率，也能够保证这一工作的顺利进行。因此，高等教育事业必须充分重视信息化管理理念，对信息化应用进行严格的规范，通过信息化环境的创设来逐步形成高等教育事业信息化应用的良好风气。

（3）明确高等教育事业信息化培训目标。在教育工作改革的阶段，想要保证管理的手段和方向能够解决其内部的问题，就要求高等教育事业不断改革，提高教育管理工作人员的基本素质。主要是要关注人员的情况，以及他们对于大数据接受的能力，只有这样才能够更好地将高科技技术应用到管理工作之中。

因此，在这样的环境下，还需要保证高等教育事业人才的培养，同时在培训的过程中也需要让这一理念深入人心，以此更好地传承大数据时代的管理工作开展方式。高质量的培训是大数据环境下高等教育事业可持续发展的战略重点，因此，在开展培训工作之前就应当将培训内容进行合理的分类，使培训的内容丰富、多样化，并且尽量使培训内容能够满足岗位的实际需要，将培训制度与人资管理的绩效制度相关联，这样不仅能够确保培训的有效性，还能够为优秀员工创造更多的发展机会，从根本上提升高等教育事业的工作效率。

（4）实现高等教育事业信息化系统管理。在大数据的背景之下，要实现教育工作的信息化管理，就需要对其整体的制度进行更新和改革，主要目的就是要在科学技术的环境之下，更新人员和设备，并且建立起完善的管理制度，把最新的理念融入其中。同时在信息化环境之下，想要保证大数据更好地融入其中，还需要加强内部的监督工作，一旦出现徇私舞弊现象，就要给予惩罚，这也是管理条例中需要涉及的主要内容。在科学的手段下，利用最新的技术，保证教育管理的变革能够顺利进行。

教育管理工作的开展也需要建立起合理的风险控制意识，因为在科学技术的保障和支持过程中，管理的改革虽然有一定的优势，但是风险也依然存在。这样就需要教育工作的管理部门在改革阶段不仅对人员和技术提出新的要求，更需要保证各个环节的真实性，一旦出现风险，需要及时关注。特别是在财务管理过程中，只有这样才能够在根本上保证教育管理工作的顺利开展，有效避免风险，为高等教育事业的大数据环境管理提供最基本的保障。

大数据变革是目前提出的最新的高等教育事业发展目标，对于高等教育事业的治理有着广泛的覆盖面，高等教育事业大数据时代化发展对单位管理工作的改善积极作用明显。高等教育事业大数据时代在高等教育事业的整个经营管理中能够为高等教育事业的发展和环境保护起到决定性的作用。由于高等教育事业大数据时代化发展反映的是高等教育事业的整体情况，涉及面十分广泛，因此能够为高等教育事业的管理与经营等各项决策提供有价值的参考。严格来讲，高等教育事业大数据时代化管理决策应当是高等教育事业所有变革中最为重要的内容，能够在根本上实现高等教育事业资源配置的效率最大化。

综上所述，当今高等教育管理大数据时代必将引导高等教育管理模式的阶梯性变革，由此实现教育大数据管理理念和大数据管理技术的创新和完善，我们要共同努力深入研究，用高等教育管理模式更新对策来引领高等教育管理水平的提高。

第二节　大数据时代高等教育管理制度创新

为积极应对大数据时代所带来的机遇和挑战，中国高等教育管理制度也需要根据新的形势变化而不断地进行改革和深化创新。高等教育管理体制是高等教育改革的重难点，而高等教育管理体制改革的关键则是高等教育管理制度的改革。积极推行高等教育管理制度的改革和创新，不仅有利于高等教育管理制度的全面发展，还有利于资源的优化配置以及人才培养质量的稳步提升。

一、高等教育管理的制度改革与创新的意义

大数据时代下，随着当前我国高等教育体制改革的全面推进，高等院校的大众化教育模式已经取代了原有的精英化教育模式，在这一过程中，我国大多数高等学院在教育管理制度方面不仅不符合现代化社会对教育管理的要求，还存在许多急需解决的问题，例如教育观念的落后，教育管理制度的民主性程度不够等，都是高等院校的管理制度没有起到应有的作用，需要进行有针对性的改革和创新。可以说，高等教育的管理制度对于保证整个学校有序高效的运转是具有关键意义的。因此，在高等教育改革与发展过程中，教育管理制度的改革是其中的重难点。如何推进教育管理制度的改革和创新，进而提升资源的配置和培养人才的质量，已成为当前高等教育改革的一项迫切任务。

为了进一步适应大数据等社会各方面以及高等教育发展的需求，高等学校应积极对教育管理制度目前的发展状况和存在的问题进行分析和研究，通过改革和创新，实现高等教育制度的创新型发展，为高等教育的改革提供强大推动力，进而提高我国的高等教育质量。笔者在分析目前高等教育管理制度中存在问题的基础上探讨新形势下的制度改革和创新方案。

二、高等教育管理制度改革

高等院校教育管理的目的是提升人力资本，所以高等院校教育管理制度的

改革和创新也是基于教育事业的发展和优秀人才的培养。高等院校教育管理体系中管理对象具有一定特殊性，这是因为无论是教师还是学生都属于知识分子的群体，具有一定程度上的自我管理意识。此外，由于高等院校教育管理体制的特殊性，其发展过程中也出现了很多其他教育管理制度中未出现的问题，因此，需要对高等教育管理制度存在的问题进行深入细致的分析，并提出合适的改革和创新方案，促进高等院校教育管理水平的全面提升。

1.高等教育管理制度存在的问题

（1）不能充分调动教师的积极性。教师主导着高等院校教学活动的开展，他们的积极性是否能被充分地调动起来，对于高等院校教学研究和改革的发展以及教育质量的提升具有十分关键的意义。但是现行的高等教育管理制度在教师管理方面，仍然存在着很多亟待解决的问题，主要就是教学量的计算和教师职称定标准，使得高等学校的教师教学积极性没有得到充分的调动。一是教师教学工作量的核算。教师的教学量是衡量教师教学工作的主要标准之一，事关教师的自身利益。许多高等院校教师的教学工作量的计算标准就是上的课程的数量，但是这显然不符合教学工作中的实际情况。事实上，除了上课外，教学过程中的其他环节，例如批改学生的作业、指导学生的实习、社会实践和毕业论文都是需要大量时间和精力的，这些也应该被折算成课时，算入教师的工作总量中。二是教师的职称评定标准。教师的职称评定主要和两方面有关系，即教学和科研。但是大多数高等院校教师教学质量的评价体系不系统，导致教学这一方面的标准并没有起到应有的作用。基本上职称的评定都是将科研作为了重要标准。这一评定标准让大多数教师把主要时间和精力放在了科学研究方面，对于基础的教学工作，则是完成既定的教学量就行，更谈不上开展教学研究和改革。

（2）不能充分调动学生的积极性。学生是学校开展一切教育活动的主体。当前，高等教育管理制度在学生管理制度方面也存在一些问题。我国高等院校普遍要求学生依照学校的统一的教学计划来进行学习，虽然我国高等院校进行了一定程度上的改革，也取得了一定的成绩，例如学生可以免修或者免听一些课程，少数能力强的学生可以提前学习一些课程等。但因为目前高等学校教育管理制度和教学资源的束缚，当前的改革还是力度不够。具体来说，一是学生转专业依然困难重重。在转专业的过程中，大多数院系都会对转专业设置严格的要求，对本专业没有兴趣的学生一旦不能转专业，就会失去对学习的兴趣和动力，严重影响了学校的教学效果。二是学生选择课程的自主权不够。由于选课事关学校资源共享的问题，学生选择的自主权不够，这种学生的教育管理制度在很大程度上伤害了学生的积极性、主动性和创造性。

（3）学校在课程设置方面没有适当的自主权。随着社会的不断进步和学生个性的不断变化，高等院校的课程体系需要更大的弹性化以适应新形势的发展，但由于高等院校在课程设置和管理方面没有适当的自主权，因而学校的课程体系也就缺乏必要的弹性。当前，我国高等院校的课程编撰主要基于我国“普通高等学校修订本科专业教学计划的原则意见”和国家各专业教学指导委员会制定的“专业教学规范”。因此学校的公共基础课程是由国家统一规划安排的，而专业课的编撰则是基于国家专业教学指导委员会制定的教学规范。只有少量的校级选修课、专业选修课会由学校进行开设，课程量非常少。此外，这些课程的种类也较为单一，出于国家专业型人来的培养模式，课程也是依据每个专业的特点来设计的，因此设计出来的课程种类也缺乏多样化。

2.高等教育管理制度改革

高等院校教育管理制度的改革涵盖高等学校的教学管理部门、学生管理部门、后勤管理部门和人事管理部门。管理制度中存在问题的主要原因也是因为管理部门在设计管理制度时对培养人才的目标理解不充分以及相关管理部门未进行有效的沟通和协调。所以，树立“以培养人才为第一要务”的观念，基于人才培养的目的来设计制度，并且加强各有关部门之间的沟通和协作，才是高等教育管理制度改革的必由之路。

（1）树立“以培养人才为第一要务”的观念。“以培养人才为第一要务”是高等院校办学的根本宗旨。虽然学校也承担着人才的培养、科学的发展以及社会的服务等基本职能，但是人才的培养仍然是高等学校最基本的职能。在高等教育管理制度改革的过程中，不能过度重视科研的发展，将其摆放在主导位置，而忽略了人才培养这一高校的基本职能。具体来说，一方面，高等院校要在全校范围内树立“以培养人才为第一要务”的观念，使得学校的所有管理部门统一思想，高度重视对高校人才的培养；另一方面，人才培养的目标要根据新形势的变化而不断发展，体现出社会、知识和学生发展的最新需求。

（2）建立校内各管理部门之间的沟通和协同合作机制。教师、学生、课程以及教学设施都是高等院校教学活动开展过程中的关键组成部分，整合起来就是一个完整的体系，因此，教师的教学管理。学生的学习管理、课程管理以及教学设施的管理都是有机地结合在一起来保障整个高等院校教育管理制度的相对独立性和稳定性。建立校内各管理部门之间的沟通和协同合作机制，大数据时代可以用信息技术使沟通更方便、快捷，也可以在制度上将各管理部门纳入到人才培养的体系中，认识到人才培养的重要性以及在人才培养过程中应起到的作用，通过沟通和协同合作来逐步实践提高人才培养质量的目标，有效地解决高等院校教育管理制度中存在的问题，进一步促进高等院校教育管理制度的有序健康发展。

3.高等教育管理制度创新

高等教育管理制度的创新是高等教育改革的关键要素之一，也是教育事业有序高效发展、人才培养质量提升的重要保证。

（1）创新教师管理制度。当今社会，大数据时代经济全球化和教育多元化的迅猛发展，对我国高等教育管理制度提出了更高的要求。要创建全球一流的高等学校，关键就在于培养和吸引一批具有先进教学理念和水平的教师。因此，教学人才是高等院校的宝贵财富之一。但是，长久以来，我国高等院校的内部管理缺乏应有的活力，论资排辈现象非常严重，学校内教师，尤其是年轻教师的积极性得不到充分的调动，严重影响了学校教学质量的提升和人才培养的发展。所以，应当打破教师职务的终身制，根据岗位的实际需求来选择教师授课，同时，不断改革和创新高校的职称评定和考核机制，形成充满竞争氛围和活力的内部管理制度。

（2）创新人才培养制度。在我国，高等教育承担着推动素质教育的发展、创新型人才培养的重要任务，在这种情况下，就需要对人才培养的模式进行有效的改革和创新。具体来说，就是要注重知识、能力和素质的全面发展，培养“通用”和“专业”的复合型人才以及重视学生的综合发展和个人培养的结合等，希望能够培养出一大批既有创造力，又有社会责任感，同时又富有个性，能适应国际和国内新形势不断变化的复合型人才。另外，还需要对学校的入学制度、学分制度等具体的人才培养制度进行创新，因为只有制度的创新才能够激发高校、资源和学生个体的潜力，凸显出高等教育对我国经济社会发展的关键推动作用。

（3）高校教育管理制度创新是高等教育发展的核心动力。制度的变革和突破是当代经济和社会发展的根本所在。没有制度的创新，我们就不可能有生产力的迅速发展。从本质上来看，制度创新是理念创新的外在表现和现实模式，为我们进行实践创新提供了根本性条件。历史发展的实践已经证明，高等教育发展的历史就是制度创新的历史，我们要努力突破高等教育单一的强调以政府行政行为为基础的制度环境。中国高等教育对于市场经济来说，仍然处于一个较为低端的开放方式，这势必造成高等教育发展在体制方面的禁锢和束缚。我们应从理念和思想上首先打破局限性。

（4）高等教育管理制度创新，其最基本的内涵就是要建设现代大学制度，这是实现高等教育跨越式发展的关键性因素。在建立现代大学制度的时候，我们要按照政事分开的原则，让高校成为真正面向社会自主办学的法人实体，发展多种形式的产学研结合、产教结合、学校与社区结合的组织体制，高等教育的国内和国外市场进一步开放。我们在建立的过程中，要注意解决好以下几个方面的问题，即改革用人制度，重新建立激励机制，为人才队伍建设营造良好的制度环境；改革基本组织制度，合理分层，科学授权，民主管理，建立高效率的管理系统；改革人才培养制度，更新教育观念，深化教育改革，构建高校创新型人才培养模式；改革财务制度，使有限的教育资源得以最大限度地发挥效能，提高办学效益。

（5）随着高校教育规模的日益扩大化，高等教育也出现了投资多元化、办学主体多元化和教育事业产业化的趋势，高等教育整体上进入了“有所为有所不为”的新阶段。因此，我们要尽快并从根本上彻底转变政府的职能，建构一套新的政府管理模式。具体来说，我们应该从以下几个方面来进行尝试和努力，即政府通过有效的金融政策、公共财政制度、必要的产业政策和可行的创新政策对高等教育进行调控，政府有责任完善教育法律体系，从政府行政主导型的管理制度转变为依法治教、依法行政的管理制度，通过政府有效的行政干预协调各方关系，建立省级统筹为主的教育管理体制，从集权管理转变为适度集权、分级管理。必须指出，有效的行政干预在高等教育发展中还是必要的。

（6）我国高校教育管理中的“本科生导师指导制”的优势已经得到了多方面的认可，但是，在实际运行过程中，高校导师精力有限，因此必须制定相应的配套制度弥补导师指导制的不足，努力实现“优秀学生”和“被指导学生”这两类学生的共同培养与锻炼，实行以“优秀学长指导制”来配合“导师制”的优势教育管理模式，帮助低年级学生实现学习阶段的转变，使得优秀的学长成为低年级学生的学习榜样，并且成为学生与导师、管理部门之间联系的桥梁。同时，优秀学长指导制也能提高学长的能力和知识面。在具体实施过程中，要择优选聘优秀学长，并规定优秀学长的职责所在，即让他们带领早读和晚修，配合指导本科生所设计的基础性科研工作，并定期召开讨论会议。

（7）高等学校还应该从公共管理学的角度来进行高校教育管理制度的改革和创新。首先我们要借鉴公共管理理论与实践，它可以改变当前高校教育管理制度中的制定程序不够规范以及学生无法真正民主参与的缺陷，真正体现并实现学生的根本利益，实现学校与学生之间的良好互动。另外，从公共管理的视角下来看，高校教育管理制度改革主要是为学生教育管理内容和管理模式提供合法性依据和制度上的支持，使得“以学生为中心”的理念和学生的正当权益得到制度保障。在实际的制度改革过程中，我们要规范制度的制定程序，完善制度的执行程序，借鉴与运用的公共管理相关制度，比如说听证制度、新闻发布制度、领导接待日制度以及民主评议制度。

（8）教育管理体制的不断改革与创新是推动我国教育事业发展的强大动力，只是在不同的政治、经济、文化体制改革方面有着不同的表现。在当前新的教育事业发展背景之下，建设有中国特色的教育管理制度，努力发挥制度的导向功能，切实保障教育的公益性，使得学校主体的内在需要成为教育管理制度改革的内在推动力，以政策推进体制改革过渡到以政策和法律共同规范和推进，使得教育管理制度改革具有时代性，有其自身的逻辑。诚然，我们在制度建立的过程中，要依靠自上而下与自下而上两种力量。

（9）在中国建设和谐社会的人文背景之下，要想真正实现高等教育管理制度的创新与改革，首先要转变教学思想和观念，这是教学管理制度改革的先导性条件，也是我国教学管理制度更新的动力所在。要树立“以人为本”的教育管理理念，尊重学生的主体地位，强化院系的自主权利，强化高校教育管理制度的服务性，加强教育管理主体的人格塑造，开展以人为本的教育管理活动，建立科学的教育管理机制。

我国高等教育的发展处于大数据时代激烈竞争的经济全球化和教育多元化社会环境中，面临着全球范围内新技术革命的冲击。同时，由于国内市场经济的迅猛发展，社会各界对人才的要求有了根本性的变化，在这种情况下，就需要对高等教育管理制度进行有针对性的改革和创新，以适应新形势下各方的不断变化着的需求。高等院校的教育管理制度的改革和创新不仅涉及面广，还是一个不断发展和完善的动态过程，因此，需要我们根据形势的变化，深入分析存在的问题和挑战，不断地探索，深化改革和创新，建立一种适合世情、国情、校情的弹性化教育管理制度，并在实践中不断完善，以推动我国高等教育事业的长足发展。

第三节　大数据时代高等教育管理制度人性化问题

所谓人性化管理，就是在整个学校管理过程中，充分尊重教师的人格、价值和合理的要求，提供教师展示个性的机会，促使教师较好地实现自我价值，最终达到促进个人和学校都能和谐发展的目的。但是，而人性化管理不是宽松化管理。因此，首先了解高等教育管理制度现状与问题至为重要，只有这样才能构建更加人性化的高等教育管理制度。

一、高等教育管理制度的现状与问题

（1）管理制度缺乏人性化的体现。根据研究调查显示，当前高校的教育管理制度仍然需要不断地改进与完善。比如在教学计划管理、学籍管理、教育评价等方面缺乏人性化体现，过度强调教育管理的集中制而缺乏柔性的管理手段。虽然学生作为学习的主体，但是高校对于学生的管理实际上是以“约束为主、激励为辅”，在这样的管理体制下，对于保证高校正常运作有积极的作用，但是对于师生创造性以及积极性的培养却起到了负面的影响。再比如学分制度的实施，打破了传统的班级制度而产生了流动班级，使学生组织松散，真正认真学习的现象随之减少，进而影响高校的教学质量。

（2）管理制度过于行政化。我国高校的教育管理体制得到了很大的改变，由政府主导的高校办学主要实行的是纵向为主的约束机制，也就是以集中管理为主。为了服从政策，在高校内部实施的教育体制其行政化特征也就日益突出。

（3）学生权益缺乏保障。学校虽然是一个普及教育的机构，但是学生权利和义务的实现仍然是教育制度中和重要要素。在现行的教育管理制度中，规范较多的是学生应该履行哪些义务，而很少制定学生应该享有哪些权利。尤其是在高等院校，为了加强学校管理以及体现办学的优质，制定了一系列的奖惩措施，但是在惩罚制度上就定义模糊，使学生的权益得不到明确的保障，这也是高等教育管理制度缺乏人性化的一种体现。

二、高等教育管理制度人性化缺失的原因

（1）宏观体制的影响。在高等教育管理中缺乏人性化管理，其外在的主要原因是受到宏观管理体制的影响。从市场角度而言，学生与学校之间如同一种买卖关系，学生作为消费者要支付给学校一定的成本，所以为了促进经济以及文化的发展，大学入学的难度降低，并且通过设置多样化的课程来满足学生的需求。当前，大学生要步入更高的学府，仍然需要承担一定比例的经费，所以实际上我国高等教育的管理模式仍然处于计划经济模式。

（2）教育思想观念的影响。在高等教育管理中缺乏人性化管理，其内在的主要原因是受到教育思想观念的影响。主要体现在三个方面：其一，受到传统师生观念影响。在传统的教育管理观念中是以教师为本、以学校为本，对学生而言，教师就是教育者和管理者；其二，受传统教育管理观念影响。在传统的教学管理当中，学生不能自主地选择教师、课程和学习方式，所以受教育的平等权利难以得到保障；其三，受社会本位观影响。社会本位教育观主要是以社会发展需要作为出发点进行教育，所以这种教育观过于强调满足社会、国家、经济服务需求，而忽视了学生主体个性的发展以及价值。

三、高等教育管理制度人性化构建的建议

1.明确政策导向

首先，高等教育管理制度人性化构建应该以促进和谐发展为目标。高校学生的教育不仅仅是要求具备一定的理论知识以及社会实践能力，同时还要培养学

生的人文素养，使其个性与能力能够协调发展。

其次，学校教育管理的导向应该以“人文关怀”为主。将人文关怀落实到教育管理体制当中，不仅是实现学生作为主体地位的重要举措，同时也是培养学生学习积极性的有效途径。再者，高校应当加强自主办学的理念。我国政府部门应大力支持高校自主管理办学，充分发挥高校学术自主权，使学校能够自我进行人力资源以及资金方面的管理，从而减少教育管理中实行人性化管理的阻力。

2.建立人性化机制

第一，强调以人为本。在教育教学中，学生处于主体地位，所以高校的教育管理体制也应该以学生为主。建立多种多样的教育管理体制，并且让学生也参与到制度的制定当中，实现学生自主管理与学校管理相结合的模式，不仅可以保证教学质量，同时也可以促进学生发展。

第二，完善激励制度。学生的直接管理者是教师，所以高校的教育管理体制要在保障教师权益的同时，通过合理的激励制度充分刺激教师的职能。另外，通过系统化的激励制度，鼓励学生群体中形成“赶、学、比、帮、超”的氛围。

3.教育

通过对当下高校教学管理制度现存问题的分析可以看出，我国高校的教学管理制度还比较传统，许多方面的制度已经不适合当代大学生的学习发展。

（1）用先进的教学管理理念引导人本制度构建。高校若想加强高教管理制度的人性化建设，首先要做的就是改变学校的教学管理理念，使得良好的教学管理理念能够更有效地引导人本制度的构建。在这一过程中要求学校的管理人员连同教师一起，不断地提高自身的创新能力，采用更人性化的教学管理制度对学生进行管理。在这种人性化的教学管理制度当中，要充分地考虑到以人为本，引导学生自主学习、热爱学习。

（2）营造和谐的教学氛围。人性化教学管理制度的构建不仅体现在有形的教学管理制度的构建上，还应当涵盖校风、办学特色等方面，所以相关人员应当有意识地在校园内部营造浓厚、和谐的教学环境和精神氛围，让学校的每个师生在健康教学氛围的影响下，能够更好地发挥自身的潜能和特长。因此，高校办学要做到以教师为本、以学生为本，学校要充分考虑到教师和学生在思想、情感等方面的需求，尊重他们的自主权和决策权。学生自主学习、终生学习的引导不够重视，有时反而不利于学校教学效果的不断提升。同时，硬性的管理制度存在很大的弊端，这种被动式的管理模式不利于提高学生学习的积极性、主动性，甚至影响到学生的个性化发展。

高等教育管理制度人性化的发展直接关系着学生的成才成长，关系着高校自身的发展，更关系着我国未来的发展。所以，在大数据时代我国高校要提高对高教管理制度人性化的重视程度，不断地发现管理制度中存在的问题，研究出更有效的方法来提高高校管理制度的人性化，从而为我国社会主义的发展壮大培养出高素质、高技能的人才。

第六章

浅谈大数据时代高等教育规范化管理
——以杭州市高等院校教育管理规范化调查与研究为例

第一节 杭州市高等院校教育管理体制研究

大数据时代下杭州市高等教育办学体制方面进行了积极而有效的探索，催生了一批民办高等院校。近年来，杭州市的高等教育已从“精英教育”转向“大众教育”，并向“普及教育”的新阶段迈进。杭州市的民办高等教育还处在发展初期，各民办高校在教育投入、教育基础设施和教师队伍建设等方面还不能完全适应高等教育现代化的要求，在教育观念、培养模式乃至管理体制、运行机制等方面都存在着不足和问题。

管理体制以国家一定的经济、政治、文化制度为基础，是对教育事业进行组织管理的各项制度的总和，包含宏观管理和微观管理两个方面。宏观的高等教育管理体制主要是如何处理政府、学校和社会之间的关系；微观的高等教育管理体制主要涉及学校内部的管理，尤其是学校行政权力与学术权力如何合理且有效的配置问题。

一、高等教育管理体制的含义

管理是指中央或地方政府以及高等学校按照国家的教育方针和法律、法规、政策，为实现培养目标而对高等教育诸方面所进行的计划、组织、指挥、协调、监督、控制等一系列有目的的连续活动。它包括高等教育宏观管理（即教育行政管理）和高等教育微观管理（即高校自我内部管理）两大部分。

宏观高等教育管理是指国家教育行政部门依据高等教育发展的规律和国家高等教育的目的，有计划地协调整个高等教育系统的各种关系和资源，确保国家培养高层次人才目标实现的过程。解决的是政府教育行政部门和高校之间的关系问题。

二、高等教育管理体制中存在的问题

随着改革不断深入，国家对教育管理制度改革大力支持，高等教育管理体制改革也取得了一定的成果，在创新发展上获得了更大的自主权。但是不同条件、因素的影响和限制，在改革的过程中，杭州高等教育管理体制依然存在着很多问题。

1.受传统思想理念的影响，高等教育管理改革整体效果不佳

目前，杭州高等教育管理体制改革工作进展缓慢，受传统思想理念的限制和影响，高等教育管理体制缺乏先进的改革理念，管理体制改革整体效果不佳。并且由于受到一些政府单位的限制与影响，制约了高校的管理工作，导致在具体的管理工作中，高校仍然存在着很多问题，缺乏适合自身发展的规划体系。如果高校在整个改革过程中，不及时更新落后的教育改革理念，不集中精力提高教学管理积极主动性，势必就会影响到高等教育管理水平的创新和改革效果。

2.缺乏明确有效的参考标准，管理体制改革得不到全面的提高

目前，国际教育改革具有了新的形势，在此形势下，为了调整教育管理体制，杭州有关单位已经相继颁布了各种方针政策。同时，目前，已经进入市场经济时期，在对于教育管理体制改革上，国家越来越重视。但是在一定条件范围内，一些制度与体系得对高等教育管理体制改革的可操作性产生了一定的制约，这是由于不同条件的影响，导致制度与体系中存在着各种各样的问题，缺乏完善的法律法规造成的，从而造成了高等教育在管理体制改革中的利用率低。在对教育管理体制的改革过程中，我国规章政策虽然进行了整体的规定，但是，对于一些细节性的问题缺乏描述，导致在具体问题的处理过程中，高校没有明确的参考标准，影响了管理体制改革的进一步发展。

3.高校过度依赖政府部门的帮助，没有充分发挥出自身的作用

目前，各个部门本身具有一定的惯性特点，导致高等教育的改革过程中缺乏一定的积极性，过度依赖政府部门的各项政策调整。随着高等教育管理体制的不断完善与进步，高校不能充分发挥自身的作用，管辖领域得不到拓展，管理体制改革受到了很大的影响。

三、高等教育管理体制改革的重要性

目前，各大院校教育体系不断完善，促进了内部管理工作体系的不断完善，也带动了学校与社会各部门之间的和谐发展。首先高等教育管理体制的改革

是为了推动各个高校的管理体系能够适应时代发展的需求，对高等教育部门以及管理范围等细节性的东西，从一定的规范标准出发，进行管理体系全面的调控和调整。同时，为了确保其可以不断协调化、规模化，通过高等教育管理体制的改革，能够保障学校与社会以及政府部门之间不断地加强联系，促进高等教育教学活动的完善，提高教学质量水平。从而保证高校发展体系的进一步完善，确保三者之间各项功能完善。另外，在进行教育管理体系调整的时候，为了不断提高国内各大院校管理工作的整体效益，就要全面构建一个可以和高等教育管理制度相适应的管理体制。因此，为了真正构建起高校的管理体系，各大院校就要全面提升学校管理队伍整体管理水平，提高管理工作的整体效率，建立完善的管理部门，促使高校的教学质量与科研管理能力不断提高，明确内部的管理责任制度。同时，随着教育改革不断的深入，杭州高校要不断培养自身的创新意识，确保后勤服务水平的不断提高，将高等教育管理体制的改革推向一个新的高度，使其成为各大高校教育水平提高的重要基础与有力保障。

四、促进杭州高等教育管理体制改革的有效途径

1.构建符合实际发展需要的教育管理体制改革理念

目前，随着我国社会主义经济发展步伐不断的加快，国内教育工作的发展带来了更大的挑战和更好的标准要求，教育事业的发展出现了新的变化。在这样的新形势下，为了确保国内高校形成更加有利的社会竞争趋势，就要进一步提高国内高校教学管理工作的整体效率，不断调整自身的理念意识，改变过去传统的教育理念，构建符合实际发展需要的教育管理体制改革理念，明确管理体制改革的目标。同时，要对我国传统的价值观念与文化理念进行深入的理解与探究，确保我国高等教育管理体制改革能在良好的文化氛围中开展，全面地传承和发展优秀传统文化。另外，为了不断更新自身的教学思想与教育理念，要更好地实现高等教育管理体制改革，进一步为社会培养出更多的高素质人才。

2.提高高等教育管理工作的自主化，提高管理体制创新的能力与水平

在实际管理过程中，高等教育管理工作缺乏一定的自主性，这一方面是由于国家政府部门干预力度过大造成的，另一方面是政府对于高等教育管理工作的规划与控制过于具体造成的，从而在很大程度上阻碍了高等院校的教育管理体制

改革工作的进行，使高等院校自身的创新积极性得不到全面的发挥。因此，为了使其能够更加自主地探寻相关的创新改革方法与政策，就必须要及时地转换管理模式，更加全面有具体地进行高等教育管理体制的创新与改革。首先要促使地方的建设活动与高等院校的管理工作能够更加全面地进行配合，并且相互促进、融合；其次，国家相关部门要进一步为高等教育管理体制改革提供良好的环境与服务，努力提高高等教育管理体制创新的能力和水平。

3.完善高等院校内部管理体制，提升高校的教育实力

在高等教育管理体制改革工作中，改革工作的核心环节是努力完善高校内部管理体制的创新工作。首先，为了确保各个层次责任明确，高等院校要将其内部各个管理机构进行科学合理的层次划分，根据其实际职能作用，掌握其分工。其次，在进行内部管理体制改革的时候，高等院校要根据自身的发展需要，结合自身的办学特点，以人才培养为目标，提升自身的教育实力。

4.努力提高高等教育的质量

杭州高等院校在教育管理体制改革的过程中，全面地响应了国家针对教育改革的号召，制订稳定的招生计划，并提高自身的管理体制加强整体教育质量。为了能够达到制定的目标，就需要高等院校在发展的过程中以科学的发展方向为主要方向，以提高高等院校的教育质量为重点，并对高等院校管理体制进行合理的控制。这样的发展能够让高等院校的管理适应社会的进步，还能够符合现代特色教育的形式。对于现在高等院校来讲，想要提高教育的质量，就需要不断地对教学进行改革，并根据现有的教学情况和结构进行合理科学的优化，将布局合理化，将教师的队伍提升一个档次，并在此基础上加强教师队伍的整体素质和教学水平，以此达到提高高等院校整体教育质量的目的。

其次，高等院校在提升教育质量的过程中，应该扩大教育投资渠道，实现大数据多元化的教育和办学方式，充分地调动各界人士支持教育的积极性，积极发展周边教育的资源，这样多方面的资源整合能够提升高校自主权利，满足教学质量提升的需要。在提升高等教学质量的同时，就增强了学生的学习能力和创新能力，让学生在就业的时候能够充分展现自身的技能，成为社会发展中的优秀人才。

5.弘扬人文精神的建设

在高等院校发展的过程中，外部环境和内部环境都在发生着巨大的变化，有些校园内部出现不正之风，学校内部管理混乱，校风校纪颓废，这样就影响了整体高等教育管理体制的发展和进步。

高校是培养高素质大学生的摇篮，也是大学生走进社会的集结地，通过高校的培养，学生能够拥有改变社会的思想和技能，成为社会前进的推动者。在大学生进入高校之前，选择的专业影响着大学生毕业之后就业的选择方向，所以针对大学专业的选择，很多学生都受到了传统思想的束缚，在这样的情况下，大学生的人文精神受到了经济和社会的影响，所以在大学校园之内往往有很强烈的行政管理氛围。这样氛围的形成主要是在两个方面，首先是高校管理者在管理高校的过程中，是以管理企业的思想进行的，在管理的过程中不断地挖掘高校的潜在价值；再者，大学校园的学者自身肩负着探索社会和文化的使命，所以在这样的氛围下，大学生的人文精神建设彰显得尤为重要。在我国的教育历程中应该认识到，高等教育在管理体制建设的过程中，不仅要提高教育的质量，还应该弘扬人文精神建设，这样才能够让高校顺应时代的发展，赢得教育理念的真谛。

6.从办学理念到实践的教育路线

高校在发展的过程中，需要有科学合理的办学理念，而不是简单地将理念建立在某种固定的形式上，这些所谓教条主义是错误的。只有将这些固定的理念进行改变，并加以实践才能够从本质达到实现改革的目的，也才能够形成完美教学模式。

杭州高校发展处于知识经济背景的环境下，而高等教育的质量成为了众多教学研究者的话题，因为在提高质量的过程中并不是一帆风顺的，每个高等院校都存在无法实现的教学路线。所以在高等院校管理体制形成的过程中，都在不断地借鉴成功高校的管理体制，这样就能够让管理更加贴近如今的教育发展，也能够让理念模式更加快速转变成为实践模式，这样的转变也能够让高校更好地适应社会的发展，能够更加灵敏地面对社会中的无形变化。

而高校办学理念一直都受到传统理念和政府宏观调控的影响，即使政府已经放权给各大高校，但是高校在行使权力的时候依然受到政府的影响，所以想要达到从理念到实践的转变，高校必须要独立自主地进行改变，将自身的特色教育与社会资源进行结合，让更多的资源融合到高校管理中，以此达到与实践环节进行接轨，让高校教育管理真正地发挥自身的优势，吸引更多的学者参与到管理之中。

7.健全杭州高校董事会管理体制，确立独立法人资格

建立、健全董事会管理体制，是独立学院体制创新和内部管理制度创新的主要形式。应明确界定独立学院的申办者、合作者和学院法人之间的责权利关系和法律责任，为独立学院的发展奠定坚实的体制基础，坚持与完善董事会领导下的院长负责制。

建章立制，明确董事会的职能。董事会是独立学院的最高权力机构，其职能主要是进行重大问题的决策，确定学院发展的目标，谋划学院发展的思路，为独立学院筹集资金，决定院长任免，保证独立学院的正常运作，而不是参与独立学院的具体管理。

明确独立法人资格，明晰产权关系。独立学院应尽快建立产权明晰的法人财产制度，进一步明确合作各方的责任和独立学院产权的归属，促进独立学院的健康发展。

大数据时代杭州高等教育改革缺乏清晰的管理权限，在进行教育管理体制改革的时候，要建立起全面的教育管理体系改革理念，促进学校与社会、政府部门之间的协调发展。同时高等教育体制改革缺乏完善的法律法规，因此，要不断完善高等院校内部管理体制的创新，努力实现高等教育管理工作的自主化，从而更好地促进高等教育管理体制的改革。

第二节　杭州市高等院校教育运行模式研究

在对杭州市现有民办高等院校调研的基础上，以浙江大学城市学院和杭州师范学院钱江学院两所独立学院为例，就高等教育运行模式作一剖析，并就杭州市民办高等院校教育管理的规范化提出若干建议。

一、杭州市民办高等院校教育管理的运行模式

1.学校的管理模式

浙江大学城市学院是由杭州市政府、浙江大学和浙江电信实业集团公司三方合资兴办，学院采用国有民办机制运行：杭州师范学院钱江学院是杭州师范学院以新机制和新模式举办的独立学院。

1999年，浙江省人民政府在《关于浙江工业大学等8所高校组建民办二级学院的批复》中指出："二级学院实行学校董事会领导下的院长负责制。校董事会负责人由各自的普通高等院校派员担任。"浙江省教育厅、浙江省发展与计划委员会在转发省政府上述批复的通知中进一步明确："民办二级学院实行董事会领导下的院长负责制。院长由校董事会聘任。"杭州市民办高等院校的领导体制，都是根据这一要求来建立的。浙江大学城市学院由杭州市分管市长担任法人代表，浙江大学校长担任董事长，由董事会聘任了院长。杭州师范学院钱江学院由母体高校校长担任董事长和院长。

独立学院大胆实施内部管理体制改革，建立和调整内部的管理机构。浙江大学城市学院和杭州师范学院钱江学院管理机构的设置以精干高效为原则，将职能相近的部门加以合并，如党政办公室合一、学工部和团委合一、招生和就业指导部门合一等。浙江大学城市学院在学院层面设立了党委院长办公室、组织人事部、计划财务部、学生工作部（团委）、教务部、总务部、校产管理与发展部等8个部门以及图书馆、现代教育中心、文体部等3个直属单位。杭州师范学院钱江学院设立了党政办公室、教学部、学工部、财务部等4个部门，负责全院的管理工作。

2.教学组织和管理

（1）专业设置和学科建设。专业设置和学科建设构成了一所大学最基本的骨架和支撑，是高等学校建设的核心。浙江大学城市学院在专业设置上以市场和就业为导向，以学术为标准，遴选优势、强势专业，改造老专业，现已设置32个本科专业，涉及7大学科门类。在专业建设中，通过相对灵活的模块化课程群设置，建立了适应社会需求的调节机制。学院依托浙江大学的学科优势，尝试以学群学类组织教学，打造宽口径的学科基础，培育和发展综合性学科、边缘性学科和交叉性学科。学院现有的32个本科专业大多是浙江大学的拳头专业，机械设计制造及其自动化、电子科学与技术（微电子、光电子方向）、电子信息工程、护

理学、药学等专业是浙江省、杭州市社会经济发展急需的专业。根据杭州市的产业结构和社会发展对人才与科技的需求，学院于2002年启动学科建设工程，先期确定通信与信息系统、计算机应用技术、国际贸易学、企业管理、新闻学和药理学等六个学科为重点建设学科。

杭州师范学院钱江学院一方面依托母体学校学科门类齐全、文理学科总体见长、音体美特色明显、各类应用型专业快速发展的优势，另一方面又根据杭州市社会经济发展对人才的需求，设置了22个热门专业及专业方向。专业和学科的建设目前主要由杭州师范学院各二级学院承担，但电子商务、节目主持两个专业（方向）则由钱江学院直接申办和建设。

（2）教学计划的制订和实施。浙江大学城市学院在建院初期，建立了矩阵式的管理模式，每个系均由浙大相关院系负责人担任兼职系主任，并由兼职系主任推荐执行系主任。学院参照浙江大学的专业教学计划，结合自己的培养目标和市场需要，独立制定和实施教学计划。所有的教学任务均由浙江大学的教师承担。随着学院的发展和师资的充实，现在大部分课程已有自己的专任教师承担。

杭州师范学院钱江学院的教学依托母体进行，各专业的教学计划由相关二级学院负责制定和实施，自建专业（电子商务、节目主持）的教学计划则由该院制定和实施。排课、任课教师的选派、学业考核等大部分教学任务由学校相关二级学院承担，面上的日常教务管理由钱江学院负责。

总的来看，独立学院依托母体实施教学，教学计划的制订实施、教学任务的落实、任课教师的选派、教学的评价、教学设施设备的建设等主要由母体相关院系负责，这在初创时期有其必然性，且体现出优势和便利。从长远看，独立学院需要实施相对独立的教学管理，以利于推动教学内容和教学方法的改革、师资队伍的建设和培养目标的实现。

（3）教学质量的监控。当前，杭州市民办高等院校教学质量的监控主要有三个途径：一是省市教育主管部门组织开展的教学评估。浙江省教育厅为了规范全省独立学院的办学，保证独立学院的教学质量，专门组织专家组对所有的独立学院进行教学检查评估，肯定成绩、找出问题、提出改进和发展的建议。钱江学院还随同母体高校接受教育部和省教育厅的教学评估。二是母体学校对独立学院教学质量的监控。如杭州师范学院钱江学院每个学期都要按照母体学校的总体部署进行期中教学检查，每学年都要进行教师的教学考评。三是独立学院自身都实行了教学督导制度，建立了教学督导队伍，开展经常性的教学督查与指导。

浙江大学城市学院建立了校院两级教学管理体系，教务部作为学校教学工作的管理职能部门，内设了教学科、教务科、实践科、招生办和考试选课中心，二级学院配备了教学院长、系主任和专职的教学秘书。明确职责，分级管理。杭州师范学院钱江学院设立了教学部，主要职责是日常的教务管理。教学部配备了专职的教学、教务、督导管理人员。教学质量监控中发现问题，由钱江学院与相关二级学院协商解决，或由母体学校教务处出面协调处理。

3.人事制度和管理

（1）实行岗位公开、竞争上岗、全员聘任。独立学院作为高等教育改革发展的产物，从建立之初起，就注重内部管理体制改革，力求打破传统公立高校存在的人浮于事、机构臃肿的弊病，以建立适应市场的人事管理制度。杭州市两所独立学院在人事管理上各有特点。浙江大学城市学院试行教师聘任制和全员聘用合同制，实行目标责任制和岗位责任制，强化竞争机制，实行按需设岗，公开招聘，竞争上岗，择优聘用，合约管理。杭州师范学院钱江学院也试行全员聘任制，精简机构，按需设岗，岗位公开，竞聘录用，三年一大聘，一年一小聘，努力强化人员责任意识，提高工作效率。

（2）师资队伍“多渠道调配、专兼职结合”。独立学院在师资队伍的建设上，采取“多渠道调配、专兼职结合”的方针：既向省内外招聘师资，又请母体学校派遣教师，还向社会聘用兼职的教学人员（包括在岗和退休人员），逐步形成了专兼结合的师资队伍。

浙江大学城市学院吸收部分母体分流的师资（其人事关系保留在浙江大学，工作在城市学院），又向社会招聘部分专任师资（大多采用人事代理形式），形成了一支比较稳定的专职教师队伍，另外又聘用部分兼职教师，目前专兼职教师的比例约为6：4。杭州师范学院钱江学院的师资主要来自母体，但自建专业和部分基础课引进了一定数量的专任师资，还向社会和其他高校聘用部分兼职教师。母体选派的教师、钱江学院专任教师和兼职教师的比例约为6：2：2。

（3）分配与岗位职责、工作业绩挂钩。浙江大学城市学院建立和完善激励机制，实施收入分配制度改革，实行绩效工资，教职工收入直接与岗位职责和工作业绩挂钩，以调动广大教职员工的积极性，增强责任心，激发他们的敬业精神和创新意识，促进教职工队伍的整体优化。杭州师范学院钱江学院内部分配参照母体学校分档定级的做法，制定并通过岗位责任制度、奖金福利分配制度，岗位绩点分十个档级。强化岗位意识，实行岗位考核，校内津贴发放与工作实绩和考核结果挂钩，可以低职高聘、高职低聘，以岗管理、一岗一酬。

4.经费政策与管理

（1）经费多渠道筹措。浙江大学城市学院大胆进行投融资体制的创新，多元化的投入体制奠定了学院发展的基础。学院创办初期，浙江大学投入无形资产（折价6000万元），合作方投入1.1亿元资金，为学院前期发展提供启动资金和办学条件，促进了“社会资金启动，民营机制运作”的良性循环。学院依托社会力量，面向市场办学，利用银行贷款，吸引社会资金，实行成本收费。学院先后争取社会资本投资和社会捐赠融资近6亿元。其中，学院通过与浙大新宇公司合作建设经营学生宿舍方式，引进资金8400万元；通过组建教育发展公司，引进浙江中大、浙江万向等上市公司参与学院后勤建设、开展教育培训，吸引投资1500万元。城市学院办学经费的95%来自学杂费，主要是学费和住宿费。

杭州师范学院钱江学院办学启动经费主要由杭师院通过银行贷款获得，运转经费100%来源于学生的学杂费，还没有实质上的社会捐赠和企业资金的投入。

（2）财务独立核算。浙江大学城市学院和杭州师范学院钱江学院均实行财务独立核算，以收抵支，按成本办学。学院根据发展目标、建设项目和年度工作任务，编制财务预算，经董事会审定，安排使用经费。

杭州师范学院钱江学院将学费收入主要用于改善办学条件，保障教学运转。学费收入用于教学“四项经费”的投入达到41%。为了加强专业建设和教学管理，提高教学质量，钱江学院还专门列支了一定数额的专业建设费和按生均划拨的教学专项经费给相关二级学院。

二、对民办高校教育管理运行模式的分析

1.“上对下”管理中的适应性

“上对下”管理中的适应问题，即民办高校母体、主办企业和教育主管部

门对其管理的适应问题，也就是现有的运行模式是否适应民办高校的正常运转和生存发展。

独立学院现有的办学体制、领导体制、投融资体制和管理体制总的来讲是适应独立学院的生存与发展的。一是能充分发挥政府的社会资源整合优势和协调作用。浙江大学城市学院建设工程是杭州市重点工程，市长亲自出任工程领导小组组长，学院所在区的区长担任拆迁工作小组组长，政府出面高效协调，大大推进了学院基本建设的进度。杭州师范学院钱江学院在政府的支持下，成功地将杭州师范学院原文二路校区与原省公安高等专科学校校区作了置换，为钱江学院尽快“上马”和相对独立办学创造了条件。二是有利于加强对独立学院的指导。根据现行管理体制，杭州市专门为城市学院组建了由28个委局组成的产学研合作委员会，向城市学院提供开展实践教学的场所和机会，为毕业生就业创造条件。钱江学院充分利用民办的机制优势和杭州师范学院的品牌资源优势，成立了专家委员会，还聘请国内外的学科专家担任双聘教授或兼职系主任。三是有利于赢得政府的政策优惠，为独立学院的快速发展“助推”。杭州市政府将收取的城市学院征地规税、规费给予一定的减免，并于2002年进行增资扩股。

实践证明，独立学院的运行机制使其具有投资主体多元、办学机制灵活、社会需求适应性强等突出优点，使母体高校的办学资源、教学传统、管理力量与社会资本互相结合，放大了母体高校长期积淀的智力资源优势和品牌效应，规避了一般民办高校普遍存在的资源配置层次低、缺乏学科发展基础、建设周期较长、管理不够规范等不足。

同任何新生事物一样，独立学院的发展会有一个逐步成熟和完善的过程，现行的运行模式还存在一些问题和矛盾。在办学模式上，目前独立学院主要有“相对独立”“两段制”“全面托管”“全面融合”等模式，尚未形成比较成熟、稳定的办学模式。部分母体高校既希望不断探索多样化的办学模式，又担心政策多变，一定程度上影响和制约了独立学院的发展和提高。在产权界定上，独立学院财产权利界定不够清晰，和母体高校及相关二级学院的经济关系因而也显得错综复杂；在教学管理上，上级教育主管部门还没有形成针对独立学院的专门的评估指标体系，削弱了主管部门对独立学院的针对性指导。

2.“自对自”管理中的协调性

“自对自”管理中的协调性问题，即民办高等院校内部管理的平衡协调问题。也就是说，目前民办高等院校的管理体制和运行机制是否保证了民办院校内部的正常运作。在专业设置上，城市学院充分依托浙江大学，借助于重点大学学科专业的优势和特色，又根据杭州经济社会发展的需要，设置了体现自身办学特色的专业群。钱江学院的专业结构也充分依托母体高校，反映出基础好、上马快、投资省的优势，但专业设置与母体区别不大，由于受师范底子的制约，工科类专业点偏少。总体来看，独立学院的专业设置一方面由于机制较灵活，能依托母体，对社会需求的适应性较强，建设周期较短，质量也有保障；另一方面由于受经济效益的制约，同时又享有母体已有专业“不需报批”的“便利”，因此经济建设急需的一些新专业（尤其是投资较大的新专业）设置很少，这与我省专业结构存在严重趋同的倾向是相吻合的，甚至在一定程度上加剧了这种倾向。

在教学计划的制定和实施上，浙江大学城市学院和杭州师范学院钱江学院，在创办初期都依托了母体的相关力量。这有其必然性，因为母体学校具有教育传统和教学资源，也有比较成熟的管理模式。在孵化阶段，独立学院分享这些传统、资源和管理模式，对于独立学院建立规范的教育教学体系和规章制度，保障人才培养质量是十分有益的，独立学院也因此实现了教学计划、教学大纲、教学规章等教学文件的规范、齐全。在调研中，学生对教学管理、课程设置、考纪考风的满意率分别达到91%、84%、98%。但由于独立学院学生的培养目标、生源基础等毕竟不同于母体学校，独立学院的进一步纵深发展必然要求其遵循教育规律，围绕独立学院学生的培养目标，从生源基础入手，修订更加适合独立学院的教学计划和相关教学文件。

在人事制度和管理上，独立学院力图打破一些传统公立高校存在的人浮于事、机构臃肿的弊病，以建立高效精干的管理机构。从目前的状况来看，人事管理制度的创新在民办院校已经取得了一定的成效，如“竞争意识”“责任意识”“岗位意识”等逐步深入人心，在工作效能上也有所体现。但民办院校人事管理制度的作用机制还没有充分显现，“能进能出”“能上能下”“末位淘汰”等用人制度都还没有在这些院校真正推开。独立学院实行教师聘任制，通过向社会招聘和引入母体师资等办法，已逐步建立一支有一定数量、相对稳定的教师队伍。

但从高等教育发展和教学改革深化的要求来看，教师队伍的数量和质量还不能完全适应，特别是缺少高学历、高职称、高水平的骨干教师和学科带头人，师资队伍存在结构性短缺，亟待完善。在经费筹措和管理上，独立学院不靠政府投入，通过民办机制融纳社会资金，基本满足了学院运转所需。但独立学院经费筹措渠道总的来讲还比较单一，经费来源主要是学生的学费。由于担心引入外来资金容易造成利益分成的纠葛和国有资产的流失，独立学院不敢大规模吸纳民营资金，在一定程度上制约了学院的快速发展。

第三节　杭州市高等院校办学理念研究

办学理念是人们对大学的理性认识、理想追求及所持教育观点或哲学观念的总和，是大学发展的灵魂。在我国高等教育快速发展的今天，杭州高等院校如何确立自己的办学理念和定位，彰显自身的办学特色与个性追求具有至关重大的意义与作用。

办学理念是人们对大学是什么，具有什么使命，发挥怎样的作用等一些大学基本问题的价值判断，是对大学的精神、使命、宗旨、功能以及价值观等大学发展基本思想的整体概括，它预示着大学的远景规划和发展方向。众所周知，北京大学前校长蔡元培的兼容并蓄、学术独立、思想自由的办学理念，使北大“挺然特出”“褒然独立”，面貌焕然一新。

高等教育的大众化趋势带来了大学层次和功能的分化，带来了质量标准的多样化，培养目标的多元化。杭州高等院校应当如何定位？学校培养目标是什么？普通高等学校在艰难的探索。但是，由于在办学理念上的困惑与缺失，使其对现实中许多困难与问题无法作出科学而理性的解答。

一、杭州高等院校办学理念的困惑与偏失

今天的高等院校在政府放权、学校扩大了办学自主权的情况下，杭州院校依

然存在办学主体性的缺失，在战略规划上缺乏独立的思考，在办学实践中无法形成自己的特色，在培养人才的模式上举棋不定，亦步亦趋者多，标新立异者少。

1.高等院校办学理念的迷失

在高等教育大众化的前进道路上目前流行着一种外延发展观。大学在办学规模、办学模式方面普遍追求规模大、专业多、学科全、高层次的倾向，受这种办学理念的误导，很多普通高等院校不顾自身条件上专业、不惜代价上层次、不顾容量上规模，凭大楼之高攀大学之大。殊不知大学是经过长期办学实践和历史积淀的产物，而绝非一朝一夕之功，导致办学理念的迷失主要在于大学自己缺乏探索精神。规模师资都难以和全国研究型大学相比，他们或认为在理论创新上很难超越研究型大学，或认为自己的理论孤掌难鸣，很难获得社会的认同，再加上理论上的创新再变成办学理念付诸实践，必然会承担一定的风险，这也在一定程度上也制约了普通高等院校的理论创新冲动。

2.高等院校教育管理理念的错位

从科学的发展历史来看，真理往往掌握在少数人手中，它遵循着多数服从少数的原则，而且常常以反思、质疑、批判为表现方式。目前，我们的普通高等学校在学术管理上却不能很好地处理二者的关系，尤其是人文社会科学研究，学术研究成了对有关政策的诠释。于是，防范、严管就成了学术管理的主要内容，远离了大学求真、求善、求美的精神实质。

3.高等院校人才观念的偏失

自工业革命以来，科学“成为一个国家声威的温度计”，人们断言“未来属于科学”。特别在科学技术教育盛行，风靡几个世纪的人文精神失落了，以至于出现了严重的科学主义的倾向。反映在大学教育中，就是教育的专门化越来越强，专业越分越细，专业口径越来越窄，大学生再也不像自由主义教育那样能接受“整全的知识”以形成“健全的人格”。我们的大学教育存在“过弱的文化陶冶，过窄的专业教育，过重的功利导向，过强的共性制约”的状态。现今这种教育的负面效应已经突现。特别是普通高等院校在功利思想的影响下，负面效应表现得尤为明显与突出。

二、杭州大学办学理念主要向度分析

大学办学理念的核心是对“大学是什么”“大学应该怎么做”这两大基本问题的价值判断和识别。而目前的难点在于“大学应该怎么做”，即确定大学的行动策略。这种状况必须从当前的现状来作出分析，当代大学办学理念既要深深扎根于中国传统文化所孕育的核心价值和合理成分，在传承与借鉴的基础上，从自身的办学历史和现实定位出发，凝练出具有自身特色的办学理念，提升自身的核心竞争力。

1.特色理念

特色是一所大学区别于其他大学的个性化表现，是一所大学赖以生存与发展的生命线，是一所大学的优势所在。英国著名学者阿什比曾经说过：“任何类型的大学都是遗传与环境的产物。”不同时代、不同环境、不同民族与文化背景造就了不同风格的大学。办学特色是办学质量的集中表现或标志，没有特色的大学将是没有发展前途的大学，大学要生存与发展就必须办出特色，从一定意义上说，“特色就是质量”。杭州高等院校必须立足于各校本身的历史发展状况、学科特点和所处的社会环境，明确自身的定位，发挥自己的强项优势，办出特色，才能在高等教育的激烈竞争中占有一席之地。

2.服务理念

高等教育的产品是高等学校通过高等教育活动所提供的高等教育服务。树立高等教育服务观念，能够促使大学真正树立责任意识、市场意识和竞争意识。促使大学关注社会与受教育者个人的教育服务需求，迅速而及时地把握市场动向，完善服务体系，提高服务质量，使大学能够更好地适应和促进社会发展，满足学生个人的发展需要。服务理念的第二个层面是大学要走出象牙塔，主动服务社会。服务社会，这是大学发展的新功能，也是杭州大学发展的新理念。大学越来越经常被喻为“服务站”。大学功能的嬗变，赋予现代大学新的理念与新的使命。大学服务社会并不是普通意义的服务，它是基于高水平的知识与人才所开展的对社会的服务。因此，服务必须以科研为依托，利用高等学校科技人才密集的优势，最大限度提高科技对社会发展和经济增长的贡献率。

3.人本理念

“以人为本”是科学发展观的基本价值取向，也是教育改革和发展的核心思想。在大学办学过程中，坚持以人为本的原则就是要牢固确立教师和学生的主体地位，切实维护并依法保障广大师生员工的切身利益，切实做到以学生为本和以教师为本。以学生为本，实质上是弘扬大学生的主体性，使其意识到自身的价值，成为具有进取意识与创造精神的社会主体。以教师为本，就是要牢固树立人才资源是第一资源的理念，努力营造尊重劳动、尊重知识、尊重人才、尊重创造的氛围，唯有如此，大学教育质量才能建立在比较高的学术水平的基础上，也才能在人才培养、科学研究和社会服务等方面发挥应有的作用。

4.多元理念。

现代大学办学理念的确立要符合现代高等教育的发展特点和基本走向，现代高等教育发展的特点和基本走向主要体现为高等教育的多元性、多样化。首先，办学类型多样化。大学日益分化为四种类型，即学术性、研究型的综合大学，专业性、教学研究型大学，专业性、应用型普通院校，职业性、技能型的高等职业学校和高等专科学校。各类院校各定其位、各安其位，在同一层次中开展竞争。其次，人才培养模式多样化。根据学校的定位，不同类型的学校，其培养目标是不同的。再次，培养目标多样化，必然导致与之相适应的高校人才培养模式的多样化。最后，质量标准多样化。社会需求是多样的，学校类型是多样的，学科门类是多样的，学生个性是多样的。

三、杭州高等院校走出办学理念困惑的对策研究

办学理念危机，必然会导致办学方向不明，定位不准，培养人才目标不明，管理方法不妥。因而，杭州高等院校如何才能从理念危机的茫茫大雾中走出来，用理性的光芒照耀教育实践。

1.选择高水平的大学校长

大学校长在大学中处于统率和核心地位，是大学目标的设计师，也是大学的建设者和统率者。大学校长除了学问高深，道德高尚，有很高的管理水平这些一般的特点之外，还应该有对教育规律深刻独到的把握，有对教育未来的深刻烛照。杭州高等院校的办学理念，很大程度上是校长的办学理念。校长可以把智囊团和领导层的思想概括集中，形成自己的思想。也可以把这些思想通过强有力的工作推动，付诸实施，变成现实。反之，一个平庸的校长可能会白白浪费全校师生员工几年光阴。当然大学理念的形成需要一个吸收、思考、创造的过程，特别是教育效果的后滞性。学校的教学成果往往要若干年以后才看得出来。校长在一

个学校任期不能太短，只有在一个相对较长的时间内，雄心勃勃的校长才能完成他的宏伟蓝图，形成他的教育理念，并把这种理念变成传统以昭示后人。

2.全面转变传统的人才观

高等院校“产品”就是人才，人才质量的高低决定着人们对高等院校质量的看法。因而在这里，人才观和质量观是紧密联系在一起的。传统的人才质量观是一种学习质量观。它把大学生掌握知识的多少作为衡量人才的标准，作为衡量教育质量的标准。最近几年，高校也认识到这种传统的人才观的落后，逐步树立能力质量观。在培养人才方面，杭州高校必须强化“教学为本、科研为教学服务、面向社会知识扩散”的思想，把育人放在第一位，贴近社会、贴近实际，肩负起高等教育大众化阶段应用性技术人才培养的使命，围绕区域经济或者行业经济发展的需要，调整专业设置，重点发展优势学科，创新培养模式，提高教学质量，培养适应社会需求，能深入社会基层的应用性技术人才或者管理人才。

3.重新确立自身的定位

杭州高等院校要在科学分析学校外部环境和自身实力的基础上，确定自己在国家高等教育系统中的位置。美国威斯康星大学校长范·海斯，在当时美国还崇尚德国洪堡的“陶冶心智”的教育思想的时候，明确提出为社区服务的理念。结果，他的这一思想被美国社会广泛接受至今仍被视为高教界具有广泛影响的办学理念，威斯康星大学也名扬四海。杭州高等学校如果跟着那些研究型著名大学走，只能永远生活在名校的影子里，被淹没在名校的洪流中。同时也要避免和一流大学做重复的研究。不仅自我迷失，更重要的是浪费了宝贵的教育资源而培养出不伦不类的学生。因此，杭州高等学校应该在认真分析自己的教学资源，区域优势，学科特点的基础上。确定自己的发展方向，毫不动摇地向前迈进。

通过分析国外大学职能的演化过程以及分析我国高校现状，可以看到杭州高等院校和一流大学一样，是高等教育中一种不可或缺的类型，在建设社会主义和谐社会中担负着重要使命。杭州高等院校必须从长远考虑，放弃急功近利的思想，重新审视自己的职能、自身的条件、国家和社会的需要以及学生的需求，认清自己的基础、优势和不足，在培养人才、发展科学、服务社会三大职能方面找准定位，实现可持续健康发展。

第七章

大数据时代的高等教育信息化

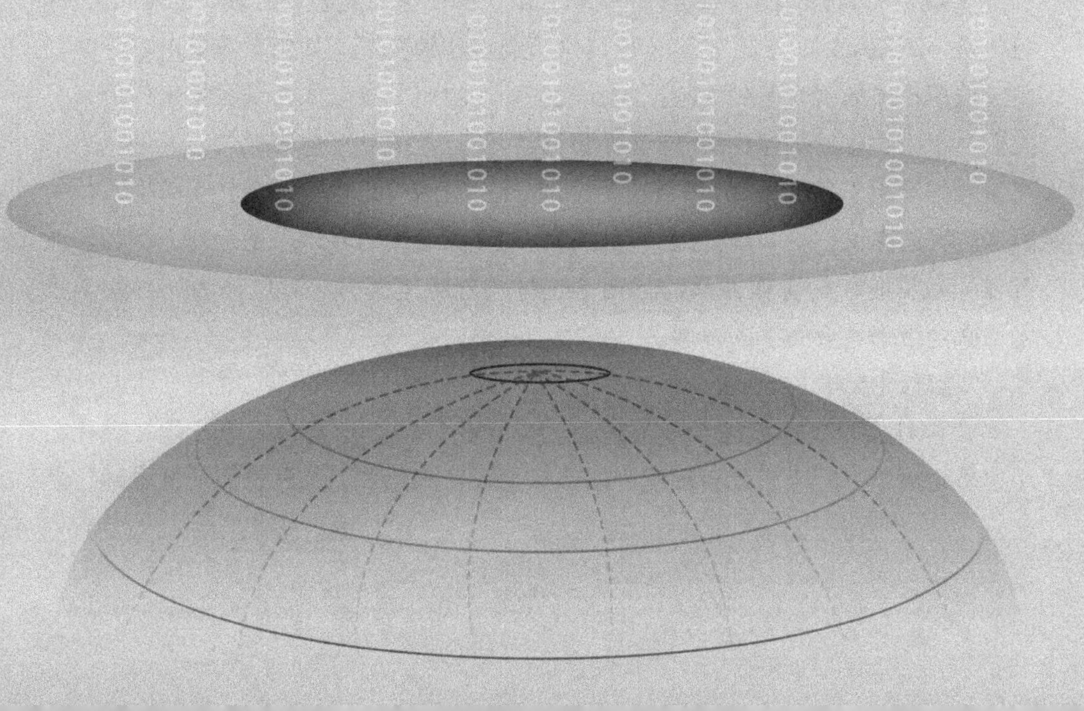

第一节　大数据时代信息化教学的变革

信息技术的出现和推广，不仅对传统教学内容及教学方式产生了较大影响，而且给传统教学理念、教学管理及教学设计等方面造成了极大冲击。基于此，论述在大数据背景下，信息化教学的表现及意义，并就如何进行具体的信息化教学改革提出切实可行的意见。

随着信息技术的进一步推广与普及，“信息化”逐渐出现在生产生活中的各个领域，人们逐渐进入大数据时代。“信息化”改革迅速蔓延至教育教学领域，并促成信息化教学的诞生。如何在大数据时代进行信息化教学改革，成为急需解决的重要问题。大数据时代的到来必然给高校教育教学带来一场不小的变革。

一、大数据时代及信息化教学概述

1.大数据时代

大数据时代的到来，给我们带来了无尽的便捷与利益，当然，大数据时代也不是一蹴而就的，它的发展过程也是历经多年的变革。其概念最早由麦肯锡提出，他用超前的眼光看到大数据的发展利处，也定义其会成为重要的生产因素。人们对于大数据的关注也随着互联网时代和信息化的到来愈演愈烈。人们热衷于海量数据运用于各个领域，例如金融、教育、管理等，这也预示着大数据时代的发展进程将由人们一步步推进，其在各个领域的运用也将越来越全面，例如职业院校大数据时代信息化教学的运用，这样的趋势下去，大数据作为一种科学技术，必定带来社会经济的发展。

2.信息化教学

人类社会自20世纪末开始显现出“信息化”特点。当时的信息化人类社会主要呈现出以下特点：社会环境中的信息总量急剧增加，信息资源的社会地位越来越高，信息被纳入客观世界组成要素的范围，信息的更新速度及传播速度不断提高，信息化痕迹遍布全球。信息化作为一个全新的概念，主要表现为社会的信息化转变，这也是研究者必须运用新概念来描述和解释社会变化的原因。

信息化的整体发展趋势是动态上升的。该观点是20世纪60年代至90年代被提出的。20世纪末，“信息化”呈现出较大的不同。诸如互联网、云计算、大数据等信息化衍生物的出现，使人们对信息化产生了全面而深刻的认识，并就此打破了以往的现象类定义。毫无疑问，早前的信息化观点已难以解释现今的信息化现象，更不适用于解释当下的信息化教学变化。目前，“信息化”使信息技术的发展和普及日益便捷、信息资源的储存成本日趋减少、信息的对外公开度越来越高，为开展大数据时代的信息化教学提供了必要基础。

长时间以来，教育界政策在不断地改革，教学模式也在不断地变化，其中信息化教学的发展也属于其中之一。信息化教学的改革过程中，我们也亲身体验了其较于其他教学模式的优势，它是以现代教学理念为指导，以信息技术为教学过程的支持点，应用现代科技性的教学方法进行教学，并要求教学过程中的观念、模式、技术等因素都要信息化。这一教学模式的教育目标及宗旨从未改变，以学生为中心，是要在提高学生信息素养的同时培养学生的知识素养。前提是教师充分认识到信息化教学模式的特点，并把握住信息化教学的特点，合理运用信息化教学模式，充分发挥其作用。

二、大数据时代的信息化教学现象

大数据时代使原本相对隔绝甚至闭塞的教学理论及教育思想得以快速传播，也使多种学科之间的借鉴学习具有了实现可能性，对教育理论的进一步发展起到了极大推动作用。虽然信息化给人们带来很多便捷，但问及什么是“信息化教学”，很多人并不清楚。

用思辨观点来分析教育活动可以发现，这项特殊活动的主要任务是完成相关信息的传递。换言之，教育活动实质上可以理解为一种特殊的信息化活动，但该活动传递的信息量较大，也能简单地将教育活动直接定义为信息化教育。实际上，“信息化教学”是一种与传统教学活动相对的说法，即在传统教学中融入信息技术的全新教学，这二者之间的本质差异在于“信息化”。简单来说，信息化教学的信息总量、资源种类、传递速度、指向范围、准确性等方面，都远高于传统教学。

实际上，并不能将运用了信息技术或使用全新教学理论的教学活动直接定义为“信息化教学”。信息化教学虽然使教学媒体和信息载体发生了较大变化，但“教学”的本质并没有被“信息化”改变。因此，就信息化教学而言，外在形式的转变并不会引发内在本质的变化，信息化教学依然属于教学范畴。但信息化教学带来的教学改变不局限于此，大数据和信息化也使人们的教学理念和思维方式产生了极大变化，这种变化才是信息化教学改革的精髓。

三、大数据时代信息化教学的变革要点

1.信息化教学目标：科学性与弹性化

科学性的“信息化”教学目标，主要指教师要对信息技术的作用和地位有较为准确的理解。不可否认，信息化教学的具体改革必然会涌入大量新兴媒介，传统教学环境和模式也必然会出现较大变化。这些扑面而来的改变很可能会使教师出现“为用而用”的倾向。信息化教学的本质目标并不在于是否充分运用了信息技术，而在于利用信息化教学后学生的学习成绩是否得到改善。信息化教学的主体对象是学生，教学重点也是使其“学会”而开展教学。具备科学的教学目标后，还必须确保该教学目标具有一定弹性。开展信息化教学改革的最终目标是提升当前的教育实效，因此，信息化教学也应以追求高效教学为目标。很显然，传统模式下的僵化设计对此极为不利。一般情况下，信息化教学的实际落实情况与规划设计存在较大出入，因而，教学目标必须具有弹性，只有这样，信息化教学的新模式和新内容才能发挥出更好的教学作用，并突显出信息化教学的整体优势。

2.信息化教学情境：协调性与流畅性

首先，在创设信息化教学的全新情境时，必须兼顾信息化教学要素的具体特征和实际状况，尽力保持较高的协调性。具体来说，在设置教学目标时，必须突显育人目标，不能夸大信息技术的教学作用；在筛选教学内容时，必须针对不同的教学内容选择适用的信息技术，并创设最贴切的教学情境。此外，信息化教学的情境创设也必须与其他诸要素保持协调。如果教学要素发生变化，信息化教

学创设的教学情境也应随之改变，以确保信息化教学整体的高度协调。创设信息化教学的全新情境，也是革新传统教学理念、调整传统教学方式、改进传统评价手段的一种具体途径。

其次，在确保信息化教学的诸要素保持较高协调性的基础上创设信息化教学情境时，还须确保实践过程具有一定的流畅性。这就对教师的个人教学水平和专业知识技能提出较高要求。教学水平出众、专业知识扎实的教师在开展信息化教学时，整个教学过程中，信息技术运用得恰到好处，课堂教学氛围也轻松活跃，学生们都愿意配合教师，参与教学活动。

3.信息化教学策略：合理性与灵活性

所谓教学策略，指的是教师在开展具体的信息化教学时，为了达到一定目标，要进行教学设计。简单来说，就是在信息化教学中，教师选择或设计的教学方法及使用的具体教学技能。

在设计具体的信息化教学策略时，教师必须确保教学设计与教学规律相符，以确保教学设计有效。换言之，教师制定的教学策略必须具备一定合理性和可行性，必须兼顾信息化教学中的多种影响因素。良好的教学策略应与教学目标及教学内容切实相符，也要与实际的教学环境和学生情况有效贴合，这样才能发挥出教学设计的教学优化作用。

具体的信息化教学开展情况复杂多变，原先设计的教学方案也可能并不能得到有效落实，甚至遭遇一定的困难和阻碍。因此，在制定具体教学策略时，必须要保留一定的灵活性和创造性，根据具体的信息化教学实情，选择恰当的教学策略，或者选择提前准备好的替补方案，以确保教学活动顺利展开。

四、大数据时代信息化教学的变革

互联网技术的发展和现代信息技术的变革，促进了教育的在线化和网络化。全球任何愿意接受并学习的人未来可以低成本地获得优质教育资源，免费享受全球一流大学开放的优质课程。这种方式下，可以对学习过程中产生的大规模数据进行收集、分析、整理、归纳，促进了课程资源的反复检验和改进，提升了在线教学资源的优质性。上述基于大数据的教学模式对传统教育将会带来巨大的冲击和深远的影响。

1.大数据转变了信息化教学观念

大数据是教育未来的根基。大数据的发展带给教育一场新的革命。谁能更好把握大数据，谁就会在未来的竞争中获得更多主动权。伴随着信息技术的进步和大数据的不断发展，大规模在线教育平台将给高校教学观念带来深刻影响。在未来几年，人们学习的最主要场所将不再是大学，而是互联网。处于大数据时代背景下，我们获取知识的途径不再仅仅是课堂，线上学习也成为学习知识的主要途径，课堂可以成为交流学习成果、答疑解惑的场所。网络课程上的学习行为数据将自动留存，易于后期的学习行为评价和评估。并且线上学习能做到个性化教学，根据个人的学习数据制定相应的学习计划和辅导。利用数据挖掘的关联分析等功能，在学生管理数据库中挖掘有价值的数据，可得知各种行为活动之间的内在联系，并做出相应的对策。

2.大数据引发新的教学模式

在大数据时代，教师的讲授途径将不再仅限于课堂。互联网技术的快速发展，使得在线讲授日益成为传播知识的一种途径。与按部就班、限定时间空间的传统课堂教学模式相比，在线讲授将提供更加灵活的时空，教师可以更方便地整合资源。虽然在线讲授有很多优点，但是我们不能简单粗暴地将在线讲授取代传统教学模式，而应该致力于将两种教学模式有效结合，开发出一种适合本学校本专业的一种新型教学模式。

在这种背景下，学校组织了一批优秀师资开发了一款智能教学云平台系统（863项目），来配合传统的教学模式。

教师可以在该系统中详细录入自己教学的所有课程、班级以及所用教材；对每一门课程的整个学期详细记录教学进度规划（可以以周进度做管理）；可以录入每门课程的所有知识点，以二叉树的方式进行分级管理，这些知识点应用在整个系统的其他项目中，可以被数字化并与大纲、作业、测试题每个环节建立联系；在案例课件系统中，教师可以上传和课程相关的案例课件，以供学生下载课后学习，巩固课堂学习以及课外拓展学习；同步讲解系统中可以上传一些知识点的讲解录像，以供学生课前预习和课后复习；智能作业系统改变了传统作业模式，收发有序、素材下载系统方便、作业评分直接纳入学生平日成绩计算；演示系统教师可以放入相关教学模型、教师作品、历届学生优秀作品供学生课外学习；智能电子书包系统可以放入相关素材、信息供学生自行下载。

大数据时代的典型思维是基于数据分析的决策，结合863智能教学平台后的新的教学模式下，教学过程不再是简单的课堂板书和PPT讲解，而是将整个教学过程做课后相当程度的延伸，促进学生课前对课程的整体了解，课后对课程的系统回顾。全新的智能教学平台不仅仅是单个老师对其教学过程、教学方案、教学问题以及对问题的解决方案进行分析，而是整合了所有教师资源，互相可以参考借鉴，数据可以在一定程度上共享。当某种记录与分析达到一定数量时，通过对相关数据的分析将会为有需要的教师提供一些教学问题的解决方案。教学问题解决不再依赖于停留在每位教师头脑中的模糊不清的经验，而是基于对海量的教学问题的描述以及教学问题解决方案的分析。另外在新的智能教学平台下，得到的学生信息更为具体且能得到更有效高效的整合，便于教师分析班级学生状况，对比同课程下不同班级状况，根据学生的学习进展不断调整之后的学习内容和重点，及时调整教学进度、难易度，在把握学生情况上也提高了一定的效率。这种传统课堂教学模式和863智能教学平台结合下的教学模式，使教师教学更加规整化，资源管理的高效化，大大提高了教学效率。

3.大数据引发新的学习模式

在大数据时代，学生的学习途径也将不再仅限于课堂，学生的学习过程也将逐渐数字化，传统课堂学习之前和之后的在线学习日益成为学习知识的另一种途径。与按部就班、限定时空的传统课堂学习模式相比，在线学习有更自主的学习空间。虽然在线学习有很多优点，但是我们同样不能将在线学习取代传统教学模式，而应该致力于将两种学习模式有效结合，真正集二者之优。上述的863的智能教学平台不仅仅为教师所用，学生在其中也占据了半壁江山。

在该智能教学平台下，教师所管理的大部分模块（教学进度、知识点库、案例课件、同步讲解、演示系统、智能电子书包等）学生都可以浏览学习，传统教学下教师的神秘教案都变成360度开放式的公园，学生的权限空前地提高。另外给学生提供了问答系统的平台，让师生互动不再受时空限制，更为及时更高效。

另外这里的问答，不仅仅局限于师生之间，更扩展到学生之间，同学之间可以互相回答问题，并采用累积绩点的方式，积极有效的回答可以纳入平时成绩的计算，让同学间的相互学习成为一种可能。另外还有一个测试反馈系统，学生除了在该系统下可以线上学习问答，甚至可以在该系统下根据教师的设计进行课后的单元在线测试。学生可以随时了解自身的学习情况，在每单元下自身对自己进行考量，对自己学习进度程度进行把握，便于及时调整学习方法。还有一个作品展示环节，学生可以充分发挥自己的能动性，将和课程相关的作品上传至系统，让观看的同学和教师做出实时评价，给新时代学生更多的展示自我的空间和舞台，自然这些也都可以纳入学生平日成绩的累加。

利用全新的智能教学平台在线学习，可以更大程度上提高学习效率，激发其进一步学习的动力，一定程度上增加了学生的自身成就感。一些交互式问答和在线测试克服了传统教育模式下单向灌输知识的局限，引导学生更进一步地积极学习与思考，更好地真正掌握知识。另外学生的学习行为也会被系统记录下来，哪些课件浏览得多、同步讲解播发的频率、问答中各个知识点出现的次数、测试结果（这个可以不纳入成绩计算仅用于教师把握）如何、学生作品的好坏难易度，等等。大量同学的行为数据累加到一定程度后，可以对该数据进行一定的分析统计归纳，便于教师对各个班级学习进度进行一定程度的微调、对某些知识点的再讲授、对不同同学的因材施教。对整个系统不同老师相同班级课程的综合数据分析，可以对该门课程的教研组的教研方针给出一定的意见建议，便于一定程度上的修缮。

大数据时代背景下的信息化教学颠覆了传统的教学模式。在全新的863智能教学云平台系统下，配合传统的教学模式，教师之间、师生之间构建了一种联系，一种共享交流的途径，更高效地利用了资源，提供了一种更和谐的氛围，有助于教师之间的互相学习，有助于教师及时把握学生的学习情况，有助于学生在一个半小时的课堂教学以外可以获得更多的资源信息和方法，无论对于教师的教学模式还是学生的学习模式都是一次全新的变革。

五、大数据时代信息化教学变革的应用

大数据变革思维方式和工作方式，为信息化教学变革创造了现实条件。翻转课堂、MOOC和微课程就是大数据变革教育的第一波浪潮。

1.翻转课堂：触摸教育的未来

翻转课堂起源于美国，有两个差不多同时启动的经典范本。一个源于科

罗拉多州林地公园高中两位科学教师的探索，还有一个源于孟加拉裔美国人萨曼·汗的实验。两个范本都采取让学习者在课前学习教学视频，在课堂上完成作业、工作坊研讨或做实验的方式，教师则在学生做课堂作业遇到困难的时候给予他们一对一的个性化指导。结果，学生的成绩得到提高，各方的反馈都是肯定的。

特别是萨尔曼·汗的翻转课堂实验，揭示了人性化学习的重要原理，颠覆了夸美纽斯以来的传统课堂教学结构，凸显提升学习绩效的价值，被比尔·盖茨称为“预见了教育的未来”。萨尔曼·汗发现了产生“学困生”的真实原因。在传统教学模式环境中，学生经历听课、家庭作业、考试，无论得70分还是80分，还是其他分数，课程都将进入下一个主题。

翻转课堂创造了人性化学习方式。学生在家观看教学视频，可以根据个人需要有一个自定进度的学习。即按照自己的节奏、步骤、速度或方式，随意地暂停、倒退、重复和快进。如果忘记了较长时间之前学习的内容，还可以通过观看视频获得重温。萨尔曼·汗发现，那些在某个或某些概念上多用一点点额外时间的孩子，一旦理解了概念，就会很快进步。

人性化学习的另一个方面是，教师对学有困惑的学生适时给予个性化指导。由于学习者在课前通过教学视频学习新知识，于是，课堂成为学生当堂做作业、工作坊研讨或做实验的场所。学生做作业的时候，教师通过“学习管理平台”，及时发现学有困惑的学生，并立即介入给予一对一的指导，从而解决了忽视学习中的“瑞士奶酪式”间隙、“一个版本”针对所有对象讲课造成的问题，效果非常好。翻转课堂凸显大数据促进信息化教学变革的重要性。关联物之间的相关关系分析方法被萨尔曼·汗成功地移植到教育领域，他开发软件帮助教师发现需要帮助的学生就是大数据预测的成功范例。

在洛斯拉图斯（Los Altos）学区的实验中，教师通过学习管理平台了解每一位学生的学习状况。在这个管理平台上，每一行反映一个学生的情况，每一列是一个概念。每个概念有绿、蓝、红三种颜色。绿色表示学生已经掌握，蓝色表示正在学，红色表示在设定的时间内还没有完成的学习。这样，就把学生作业时间、完成作业与否、是否遇到困惑，与三种颜色关联起来，让电脑快速处理，即时呈现在屏幕上。教师一眼望去就能预判学生学习情况，快速发现需要帮助的学生，并及时对他们进行有针对性的个性化指导。因此，产生“学困生”的可能性大大降低。

2.MOOC风暴来袭：放大翻转课堂效应

受翻转课堂“用视频再造教育”的启发，2012年MOOC（Massive Open Online Course，大规模开放在线课程）开始井喷，领军的三驾马车是源于斯坦福Coursera、Udacity以及由麻省理工学院与哈佛大学联合创办的edX。选修MOOC可以取得学分，可以充实生活与职业生涯。斯坦福大学Sebastian Thrun与Peter Novig教授的“人工智能导论”课程，有来自190个国家超过16万人注册学习，最后2.3万人完成整个课程学习。如果仅仅从通过率来考察，14.375%的合格率似乎根本无法与传统课堂教学的合格率相匹敌。但是，假如从单门课程合格人数的绝对值考察，那么，2.3万人合格的绝对数，绝对在任何一个名校史上都是伟大的创举。

哈佛大学和麻省理工学院强调进入MOOC是为了改善课堂教育，而不是取代课堂教育。麻省理工学院校长苏珊·霍克菲尔德认为：“在线教育不是住宿制学院教育的敌人”，而是“令人鼓舞的教育解放联盟”。在麻省理工学院，选修MOOC的学生必须在有监考老师的教室中进行测试。麻省理工学院从事材料科学与工程研究的Michael J. Cima教授使用来自MOOC的数据进行平行分析，研究结果令他惊讶：“证据表明，在线学习效果可能比在教室内的学习效果更好”，他已考虑将MOOC教学中的一些自动评估工具带到传统课堂教学课程中去。

目前，三家主流机构的课程加起来已经超过230门，大部分为理工类课程。在英国，爱丁堡大学、伦敦大学加入了Coursera，伯明翰大学、卡迪夫大学、伦敦国王学院、兰卡斯特大学、开放大学、布里斯托大学、东英格利亚大学、埃克赛特大学、利兹大学、南安普敦大学、圣安德鲁斯大学、沃里克大学等12所院校联合组建了新的MOOC平台：Future Learn LTD。英国一份题为《雪崩来了》（An Avalancheis Coming）的报告指出，全球高等教育领域正在发生一场前所未有的革命，主要驱动力就是网上大学的兴起，对此，英国的大学再也不能无动于衷。面对全球性的MOOC浪潮，中国的大学也开始行动。从2013年3月3日起，上海市30所高校的学生可以在平台上选课，复旦大学“哲学导论”等7门课程实行校际学分互认。虽然这7门课程目前针对学历教育，但是课程强调学习过程，融入了作业、考试、论文、讨论组研讨和承认学分等评价机制，与MOOC非常类似，是中国大学开始MOOC行动的先声。

2013年5月，清华大学、北京大学加盟edX。清华大学将配备高水平教学团队与edX对接，前期将选择4门课程上线，面向全球开放，其中电路课在线教育已做了小规模实验，成为热门候选。北京大学目前已有14门课程申报，覆盖文理多个学科门类，最终推出的课程将于今年9月上线。北大推出edX后，如果校内学生选修相关课程，就多了一个“edX”课堂。

MOOC的兴起，使萨尔曼·汗“用视频再造教育”的学习模式迅速推广到高等教育，而且进展到可以通过选修MOOC获得学分。高等教育变革向来会影响基础教育实践，微课程就是来自我国中小学校的回应。

3.微课程兴起：回应翻转课堂和MOOC浪潮

与MOOC一样，微课程灵感来源于可汗学院的翻转课堂实验。利用微课程资源，学生可以在家自主学习。如果学有困惑，可以暂停、倒退、重放，方便个性化地达成学习目标。实在不能解决的问题，可以记录下来，方便教师提供指导。在课堂上则可以通过作业、工作坊等活动内化所学知识，很有翻转课堂中国化的味道。

微课程灵感还与视觉驻留规律有关。一般人的注意力集中的有效时间在10分钟左右。MOOC的制作者借鉴萨尔曼·汗的成功做法，通常把视频的长度限定为8到12分钟，并且会在中途暂停数次，增加测试与互动，以避免视觉听觉疲劳。中小学用于“前置学习”的微课程教学视频，是学生自主学习不可或缺的资源，尤其强调遵循视觉驻留规律，避免因视觉、听觉疲劳而降低学习效度。

目前，微课程已开始影响我国中小学信息化教学实践。教育部教育管理信息中心举办第一届“中国微课大赛”。

微课程迅速发展与大数据创新发展的方向是一致的。目前，广东、上海、江苏、浙江、山东、山西等十多个省、市、自治区纷纷开展微课程实践。微课程实践的积累，将会使微课程群形成，微课程群的应用又会形成新的应用数据，将有利于大数据分析与挖掘、发现与预测的创新应用。可以说，贯彻党的十八大精神，促进教育领域综合改革，促进教育质量提升，首当其冲的就是大数据变革信息化教学。

六、大数据促进信息化教学变革：新的资源观、教学观和教师发展观

与此相适应，新的资源观、教学观、教师发展观在大数据浪潮中应运而生。

1.新资源观：变教师上课资源为学生学习资源

以往的资源建设积累了丰富的教育资源，但仍无法满足教学的需求。原因并不是资源匮乏，而是资源选择的个性化。由于教师对教学内容的理解不同，技术偏好不同，审美习惯不同，教学风格或教学特长不同，以及资源占有情况不同，对资源的选择也会不同，即资源选择具有鲜明的个性化色彩。这种个性化色彩是导致同题异构的直接原因，也是“教学有法，各有各法”的生动体现。因此，没有公司或组织有能力开发适用于所有教师的资源，尽管资源总量已经可以用海量来描绘。更大的问题在于：这些资源就总体而言属于为教师教学准备的课件资源，主要是为教师为中心的传统教学方式服务的，很难服务于培养创新人才。其性质属于传统资源观。从大数据的观点看，只有用户无限扩展的资源才是有前途的资源。在信息化教学领域，只有学生才具有这种“无限扩展”的“用户”的意义。

新资源观是对传统资源观的升级。其一，微课程资源的用户是年年可扩展的学生，用大数据的观点来看，这样的资源既有学习意义上的价值，又有潜在的商业价值，有可能获得持续发展。其二，微课程资源以学生为中心，有利于培养自主学习、独立思考的能力，丰富学习的成就感。其三，微课程资源的开发者是教师，教师参与资源开发，才能破解资源难题。只要有基本的教育技术能力，无论视频、写字板、数位板、电子白板、录屏软件、PPT等，都可以开发微课程资源。

大数据时代的新资源观倡导智慧拥有云资源。这是因为，在云计算和大数据背景下，信息资源是以海量形式存储于“云”上的。一般来说，无论文本、视频、音频、动画，只要输入关键词，都能十分方便地找到。对于比较难找的图片资源，采用“意象化感悟”法能够方便地找到，办法是先根据教学需要在头脑中形成所需具象，再给具象一个关键词，形成意象，然后把关键词输入搜索栏，就能找到并优选自己所需要的图片资源。

2.新教学观：信息化教学前移

（1）信息化教学前移的心理学依据：一对一效应。教师为缺课学生补课，

课堂教学内容，最多只需要20分钟就可以完成。这是因为，在一对一的补课中，学生对教师特别感恩，因此学习态度特别诚恳，受环境干扰最少，注意力特别集中，所以，“一对一教学”效率特别高。翻转课堂和微课程等新型信息化教学的显著特征是“人机一对一”，只要微课程有足够的重要性或趣味性，学生在“人机一对一”的互动教学过程中注意力就会特别集中，从而取得显效。

（2）信息化教学前移的理论依据：人性化学习理论。信息化教学前移的灵感，来源于萨尔曼·汗创造的“用视频再造教育”的云时代学习方式。这种学习方式以人性化学习理论为指导，让学生有一个自定进度的学习，遇到有困惑的地方，可以重复观看教学视频，使不同的学生可以用不同的时间通过“瑞士奶酪式的保证通过原有基础继续建构的间隙”，直达学习目标；如果学习仍然有困惑，则有教师在课堂上进行一对一的个性化指导，帮助需要帮助的学生，从而提高学习质量。

（3）信息化教学前移的实践优势：自主学习卓有成效，教学创新有了新空间。在江苏省苏州市的信息化教学前移实践中，教师事先根据不同年龄段学生的特点设计供学生课前学习使用的“自主学习任务单”，制作适合学生自主学习的教学视频与之配套使用，使自主学习有任务、有测评、有目标、有动力、有成效。

根据“自主学习任务单”的要求，学生在家观看教学视频，完成基本的评测任务，可以根据个人学习特点，自定学习进度。有困惑的地方可以暂停、倒退、重播，即按照自己的节奏、步骤、速度或方式学习。避免了课堂教学中教师一个版本面对所有对象讲课的弊端，有利于根据个人情况完成学习，夯实基础，减少“学困”。在新的课堂教学开始的时候，所有学生都大致站在同样的基础上。

参加实验的教师惊喜地发现，现场测评情况大大超过预想，学有困惑的学生内化知识的质量较之于传统教学方式要好得多。实验改变了教师原来认为学生不会自学的看法，他们发现，信息化教学前移，可以更好地发掘学生的学习积极性和提供更多的内化知识的课堂教学时间，从而为教学创新提供新空间。在教学结构翻转了的课堂上，学生有充足的时间商讨难点，既内化了知识，又学会协作学习，既发展人际交往能力，又有了学习成就感。

3.新教师发展观：新素养、新“微格”、新职能——转型呼之欲出

（1）发展教学新素养。信息化教学前移的载体是微课程学习方式。微课程是将原有课程按照学生学习规律，分解成为一系列具有目标、任务、方法、资源、作业、互动与反思等在内的微型课程体系。从操作层面看，需要教师精心设计“自主学习任务单”及其配套的可供学生自主学习的教学资源。这些教学资源可以用录屏软件、写字板、数位板、交互式电子白板软件、PPT（配精讲或不配讲）、录像（各类摄像机、带摄像功能的照相机、手机+纸笔）等技术方式制作，但是，最终成品在技术上都应该采用视频格式，以方便学生暂停或反复观看。

因此，除了传统的教学功底之外，要求教师在信息化教学、可视化教学、视听认知心理学、视音频技术、艺术修养和批判性思维等方面有一定修养。这些新的教学素养与传统教学素养融为一体，构成系统最优化教学的备选项，从而扩展教师关于教学最优化的视野，增强教师实施教学最优化的能力，促进教师素养新的提升。正如与微课程同源的MOOC的教学实践者、美国杜克大学物理学和数学副教授诺能·普莱士（Ronen Plesser）感慨而言：“与我十年校园教课的经历相比，我发现录制视频讲座刺激着我的教学到一个更高的水平”。

（2）养成新“微格”常态化反思习惯。信息化教学前移学习模式，要求教师事先设计“自主学习任务单”和制作教学视频。教学视频实际上是浓缩精华的微型课，简称微课。经观察与询问，发现几乎所有的教师在制作微课之后，都会播放审查，既欣赏自己的劳动成果，又寻找瑕疵并立即着手修改。

这样一个制作与自审的过程，与通过微格教室录课、切片、反思与研讨的过程极为相似。于是我们可以发现，只要一台电脑、一套耳麦，就可以录制微课并自省，相当于人人有一个微格教室。我们将这种信息化教学前移导致的“一个教师一个微格教室”的格局称为新“微格”。新“微格”的特征是变“贵族”微格教室为可移动的“平民”微格教室，实现教学反思常态化，促进教师专业发展日日精进。

（3）从“演员”到“导演”，教师新职能呼之欲出。在信息化教学前移环境下，教师不再需要去“演”完剧本——教案，重要的是精心设计好“自主学习任务单”，准备好发展自主学习能力的教学视频，设计好主体为学生的课堂创新

学习形式，准备好在课堂上指导学有困惑的学生和拓展学习深度。实际上，设计“自主学习任务单”就是教师指导学生自主学习，准备好教学视频就是帮助学生自主学习，课堂上指导学有困惑的学生和拓展学习深度则直接体现“指导者”职能。于是，我们可以清晰地看到，在信息化教学前移的前提下，教学职能的重心从讲课转变为设计、组织、帮助与指导。因此，信息化教学前移成为帮助教师从“演员”向“导演”转型提升的绝佳良方。这种“转型”是否具有现实基础呢？2013年7月第十一届全国中小学信息技术创新与实践活动（NOC）网络教研团队竞赛给出了肯定的答案。网络教研团队竞赛是一项反映“过程”的赛事，参赛教师要经历信息化教学设计、评价教学设计、修改完善教学设计、陈述与答辩四个竞赛阶段。在往届信息化教学设计中，竞赛题只规定设计课题，并提供课文内容。这种情况下，绝大部分教师习惯于设计“教师为中心”的教学方案，设计“学生为中心”教学方案的总在少数。2016年，赛项组织者以命题为导向，引导参赛教师设计“学生为中心”的教学方案，获得成功。教学设计竞赛题如下：以……为课题，在吃透教材的基础上，设计一份能引导学生通过预习自主完成知识学习的自主学习任务单，并制作与此相配套的学习资源。

值得一提的是，在信息化教学设计阶段，大多数参赛团队都设计了体现“学生为中心”的“自主学习任务单”，只有少数团队存在问题。比如：有的团队设计的“任务”是目标性的内容，无法具体操作；有的团队把给学生看的“达成目标”设计成了给教师看的教学目标。但是，这种情况在修改完善的教学设计中已经不复存在。原因在于，参赛团队经历循环评价的同伴互助之后，及时发现问题，并在新一轮团队“头脑风暴”中创意出新方案。正如一位教师赛后感言：“不得不说，在比赛中真正体会到了拔节似的成长，人的潜能是无限的！”NOC网络教研团队竞赛的探索既表明教师“转型”的艰难，又表明“转型”具有现实的可能性，呈现出教师教学职能“转型”是一条希望之路。

教师教学职能重心的转移呼唤新的教师评价方式。传统的教师评价方式鼓励“演员型”教师，不支持善于当“导演”的教师，已经日益不适应教育改革发展的要求。信息化教学前移则要求把对教师的评价从评价教师讲课水平的方式改变为评价教师设计、组织与指导的水平的方式。譬如“自主学习任务单”是否方便学生自主学习并完成意义建构，教学视频是否吸引学生自主学习并使之学有成效（帮助学生完成“自主学习任务单”规定的任务），教师指导学生的水平和引导学生深度拓展的水平如何，等等。其中最为重要的是：变“评价教师讲课水平”为“评价学生学习绩效提升的数据”。

大数据对于教育的改变将会是补充，而不是颠覆。大数据时代的到来，让社会科学领域的发展和研究让追踪每一个学生的数据成为可能，从而让研究每一个个体成为可能。对于教育研究者来说，我们将比任何时候都更接近发现真正的学生。而这，正是教育的进步。

大数据变革信息化教学表明，一个信息化教学创新的时代已经到来，信息化教学变革就是云计算和大数据时代的信息化教学在基础教育领域的创新与发展。它将唤起人们关于改革畸形高考方式的紧迫性的思考，推动“教师为中心”的教学方式向“学生为中心”教学方法的转变，推动“演员型”教师向“导演型”教师转型，为实现中华民族的伟大复兴培养创新人才。

第二节　大数据时代信息化资源的管理

信息化教育资源管理的重要目的之一是提供可靠的网络教育资源服务，服务是指围绕信息化教育资源中各式各样不同形式的信息内容展开的内容采集、创建、存储、管理、发布、检索和重用等一系列综合活动。近年来快速发展的大数据时代下互联网技术为信息化教育资源服务提供了广泛的应用平台，促进了教育事业的发展。因此，国内外多数院校都致力于建设本校的教育资源管理系统。教育信息化的基础设施建设相对比较完备，这对教育事业的现代化发展起到了良好的促进作用。

一、信息化教育管理系统存在的问题

（1）教育教学资源分类缺乏完整性。信息化教学资源的分类体系结构不科学，许多内容无类可归。市场上出售的资源库缺少统一规范，不同厂商开发的信

息化教学资源其检索手段、资源格式与分类方法各不相同，导致无法实现信息交流与共享。学校不能将购买来的资源库的内容融入并整合到原有的资源内容中，从而影响到信息化教学资源库的使用和推广。信息化教育教学资源的需求是多层次的，教师想多得到一些与教学、备课相关的资源，而学生希望得到更全面、丰富的学习资源，目前信息化教学资源分类还不能满足教师与学生这种多元化的需求。

（2）知识的共享性差。在教育教学中，由于课程的种类也越来越多、越来越细，从而导致了针对不同种类的格式数据的教育教学也越来越复杂。而同一类的数据，往往由于没有一个统一的标准，就出现了虽然描述的是同一个数据或者是同一个意义，但数据的存储格式却截然不同。针对不同格式的数据，又要研究不同的数据格式转换软件或者系统。无论从教育教学复杂度还是从工作量上来讲，都无疑给教育教学带来很大的困扰。这样，针对不同格式之间的数据，人们获得其中的知识的过程便复杂化，甚至其中存储的信息或者知识无法共享。

（3）信息的重用性差。随着科技的不断进步，这就要求教育资源网站的内容要日渐丰富，功能更加完善。然而传统系统的开发使用的是结构化方法，其本质是功能分解，从代表目标系统整体功能的单个处理着手，自顶向下不断把复杂的处理分解为子处理。这样的结果会导致系统结构不够稳定，同时用户需求的不断变更会造成系统结构的改变，从而在人力物力等方面造成很大浪费。各系统的开发环境、操作系统、数据结构等的差别，使得系统间无法互相操作，使得重复开发、重复存储的现象时有发生，这造成了资源的很大浪费。

二、信息化教学资源的来源

信息化教学资源的来源主要有四个途径：一是搜集互联网上的教学资源，二是利用已有的教学资源，三是师生创作的电子作品，四是由专业人员开发建设的教学资源。

1.搜集互联网上的教学资源

随着网上信息的膨胀，互联网已成为获取信息的一个主要途径。通过在互联网上查询和搜索可以广泛收集网络上的信息化教学资源，如可到互联网上的一些专业性很强的网站上搜集专业文献和图片，丰富信息化教学资源库。

2.利用已有的教学资源

每所高校都积累了大量的电教资料，如教学录像片、音像资料等。这些电化教学素材，由于受到学习场地和时间的限制，利用率不高，如果将这些素材资源经信息化处理后再添加到信息化教学资源库中，如将mpeg格式的录像带转换成压缩比高的rmvb、wmv等格式。教师和学生通过校园网就能随时调用这些信息化教学资源。

3.师生创作的电子作品

电子作品是教师和学生在信息化学习环境中产生的一种新型的教学资源，分为三种基本类型。一是展示型作品，这是学生作业的电子稿，教师可选择最优秀、最典型的学生电子作品，将其发布到网上供其他同学观摩学习。二是师生交流作品集，主要来源于教师与学生之间相互交流。交流作品可能是师生就某一问题的讨论结果，也可能是教师对学生疑难问题的答复。三是教师对学生进行评价的作品集。这部分资源来源于教师对学生作品评价并给出分数等级的教学评价活动。

4.由专业人员开发建设的资源

这是信息化教学资源的主要来源，其开发和建设一般由学科教师和专业资源建设者共同完成，主要包括网络课程、课件、视音频资料等。学科教师和专业资源建设者要进行合作，形成优势互补，资源开发者要根据国家的教育课程标准，参照国家规定的配套教材，对应每一块内容来开发可用的支持性及扩展性的信息化教学资源。

由于学习者认知能力的差别，再完善的信息化教学资源都难以满足每一位学习者的需求，因此，有条件的高校应鼓励广大教师和技术人员利用信息化工具，按学习者的知识点来开发信息化教学资源，使每一位学习者都能成为学习的成功者。同时，高校可以充分发挥企业作用，利用其雄厚的资金和大量高水平的科技人才，开发出高质量、高水平的信息化教学资源以满足学习者的学习需求。同时还有其他信息化教学资源可以开发使用，如下载国家精品课程进行学习，购买商品化光盘资料，现在市场上有许多从事开发教育教学资源的公司，出品了大量教学用的素材资源，而且正逐步形成体系。但由于纯商业运作往往与教学实践相脱离，难以真正满足教学实际的需求，因而需要使用者进行二次开发和改造工作。

三、信息化教育教学资源的特点

Internet是当今世界上最大的信息资源“宝库”。以它为平台所开展的应用已经延伸到社会政治、经济、科技、文化、教育等各个领域，并已取得了良好的应用效果，深刻地影响着人们的工作、生活和学习方式．从对数字化教学资源管理发展的历程来看，在强调资源共享阶段，资源建设已经呈现出现代化大生产的趋势，分工合作是其主要特点，标准化是其必要条件。因此目前标准化的信息化教学资源库具有以下几个重要的特点：

（1）种类繁多，数量巨大。这一特点可谓是互联网教育资源的显著特征，也正是由于网络教育资源的丰富多样，才突出了本项分类研究的必要性。

（2）形式丰富，内容齐全。每个教育类网站都包含了丰富的教育资源：教学资源（如课程设置，教学课件）；教育研究资源（如教育理论知识、经验科研动向与成果）；教育状态信息（如学校规模、学生发展情况、教学活动状况）等等。同时，各网站定期的维护与信息的更新也不断地扩充网络教育资源的数量。

（3）内容相似与重复性大，同一内容表述角度与形式万千。教育资源是一种具有多种多样形式的信息，包括课件库和多媒体素材库，其媒体表现形式包括文本、图形、图像、音频、视频、动画等。

（4）资源提供者众多，分布广泛。它应是动态与开放的，使用者可随时、随地通过网络访问、存放和使用库中的资源。

（5）内容的时效性与延时性强。

（6）内容传播与普及性强。

（7）沟通交互方便快捷。网络教育资源传播速度快，效率高。这一特点根源于网络的传播特点。威尔·希弗利在《难以置信的光收缩》中写道，今天一根头发般细的光纤在不到1秒的时间里将《大不列颠百科全书》第29卷的全部内容从波士顿传到巴尔的摩”。互联网教育教学资源的传播不再受时空的限制，人们可以随时随地根据所需获取网上的教育资源。

（8）信息二次使用需要筛选和加工的可能性大。教育教学资源是可以拷贝、传输、使用、加工和组合的独立单元，可以由用户任意组合以适应不同的教学需要。

（9）同一内容由于提供者众多，分布广泛，因此综合整理与条理性差。

（10）由于教育教学资源缺乏相关的审核制度，导致其真伪难以确定。

四、信息化教育资源管理方法

教育资源是信息化教学的基础，随着教育信息化的深层次推进，互联网中的信息资源以指数的方式增长，这些资源不仅在内容种类多样，在表现形式上更是丰富多彩。它对教育领域的冲击与渗透使得信息，在表现形式上更是多样。它对教育领域的冲击与渗透使得信息化教育资源的利用受到重视，并随之出现了新型教学模式，如基于资源的自主探索式学习和协作学习等。然而海量的网络教育资源既为教育带来了强大的服务功能，也为资源的建设与管理带来了新的挑战。从几年前教育资源库（特别是基于网络的教育资源库）进入人们的视野，到目前已发展成具有多种建设模式和各类服务目标的不同形式的资源库。信息化教育资源管理主要经历或并存着以下几种模式：

1.文件目录管理

这种方式根据教育资源不同分类方法，将其存储在服务器上不同的目录中，通过计算机的操作系统目录共享功能对资源进行管理和操作。这种存储方式的特点是资源管理直观、简单。远程访问时速度快，可通过网上邻居、http或ftp方式直接将该资源文件下载到本地。但随之而来的是资源安全性差，易受病毒侵蚀，易被他人盗用和损坏。这是最简单、最初级的资源管理方式，当资源积累到一定规模时，由于缺少便捷的检索工具，使用和管理都很不方便。目前很多学校自发组织资源共享基本上都是采用这种存储方式。

2.专题资源网站

除了最简单的文件管理之外，还一些更有针对性的资源建设方式，如主题学习资源库，它与国外的探究式学习网站比较类似，针对某一主题，如太空知识、克隆人等，提供各种探究活动、学习资源和讨论组，为现在的研究性学习提供丰富的资源。另外还有虚拟社区资源库，它以讨论组的方式将本站中的资源划分成不同版块，用户在获取资源时也可以将资源贡献出来，每个板块的负责人会定期整理本版中的发言，将零散、无序的内容条理化和系统化，并作为精华资源推荐给用户。比如教育技术通讯和惟存教育网（www.being.org.cn）等。

3.静态学科资源网站

网站资源框架内容设计针对学科特点，不拘一格，形式多样，结合该地区的教学研究，充分体现不同学科教与学的需求，同时重视发展素质教育。各网站内容除了题库、教案库和课件、素材库外，还根据不同学科的特点设计多种特色栏目，热点专题，如语文的作品欣赏、读写天地；地理的地图大全，地理大百科、旅游专题；生物的环保专题、克隆技术等热点内容；历史的历史名人、历史名城、历史遗产等，学科网站针对基础教育的特点，以学科分类，一方面能调动学科教研员的积极性，尽快组织学科骨干参与建设，另一方面由于学科教育所积累的资源较丰富，可便于短期内建设起网站的框架，并不断充实资源，同时更能直接体现教与学的主题。

4.教育资源管理数据库

教育资源管理数据库一般将资源文件以二进制数据形式存储在关系型数据库中，对教育资源的管理都是基于对数据库的操作。所有的资源都以结构化的方式进行存储，数据间的关联性比较强，并通过数据表产生关系映射。教育资源管理系统是对存储于资源库介质中的教育资源来管理、维护和改革的软件系统，主要包括三个子系统：资源管理子系统（媒体素材库的管理、题库管理、试卷库管理、案例库管理、课件库管理、文献库管理、常见问题解答库管理、资源目录索引库管理和网络课程的管理等），系统管理子系统（安全管理、网络性能管理、计费管理、故障管理等），资源建设与使用交流子系统（资源更新、邮件列表订阅、资源定制、异步交流、同步交流）。这三个子系统为三类用户（管理员、审核员、一般用户）提供了资源检索、资源发布、资源审核、权限管理、计费、用户信息交流等多个方面的服务。这种存储方式的特点是资源管理效率高，定位准确，容易备份，能保证资源信息的完整性。由于资源数据都在数据库中，安全性好，抗病毒能力强，并且对用户来讲，资源文件的存储方式是透明的，很难被盗用或直接访问。

以往无论是网站的建立还是教育教学信息化资源的建立，都是针对信息而建立的。当教师与学生需求按照某个知识点对教育教学资源检索就变得很困难了。另外，海量的教育教学资源的存在，以往的信息管理方法都解决针对教育教学信息化资源的真伪性的问题，即无法判断一个教育教学资源是否是教师与学生索要查找的资源。另外，以往信息管理方法没有从知识的角度进行管理，某教育教学资源是否具有教育教学意义，知识点是否冗余都无法判断，从而使得教育教学信息化资源的共享存在很大障碍。

五、教育教学资源管理系统的设计

1.系统设计原则

对教育资源管理系统来说，建设的初衷不能仅仅是为了管理教育教学内容的数据，或是为了形成一个搜索查询数据库，从知识管理的角度看，一个好的管理系统要保证资源库的先进性、完善性和可扩充性，能够支持使用者的决策，能够促进使用者的学习和知识构建，能够促进知识的分享和创新。系统设计时应遵循以下设计原则：

（1）为教学服务原则。建立教育资源管理系统的目的是为教育教学服务，为师生创设多元化的学习情境。因此，进行系统设计时要重视师生的实际需求，要能为研究性学习等新型教学模式提供支持，符合教学规律，为师生提供一个理想的网上教学环境。

（2）易用性原则。在设计教育资源管理系统时，要充分考虑系统的易用性。各功能模块要符合现代软件的发展潮流，用户界面友好，功能实现方便，无论教师还是学生应能不经过培训就能快速对系统进行使用。

（3）可靠性原则。教育资源管理系统应能满足多用户同时访问、大数据量传输、多数据类型同时处理等复杂操作，系统运行要稳定可靠，数据要进行日常备份，出现故障能及时恢复。

（4）标准化原则。教育资源管理系统的开发要有统一的标准，必须符合教育部颁布的《教育资源建设技术规范》，对于资源属性的描述要使用统一的技术规范。按照统一标准进行教育资源管理系统的开发与建设，有利于统一对教育资源进行统筹管理，加强不同地区的教育资源交流与共享，提高资源的检索高利率，充分发挥网络的优势，提高资源利用率。

（5）共享性原则。资源共享是教育资源建设的一个重要原则，通过共享可以避免重复低层次的资源建设，做到优势互补，形成一种开放性的优化模式。系统应该提供与其他相关系统互操作的接口，能与其他资源系统进行教育资源的共享与交互，方便系统的升级。

2.系统架构设计

在前面理论研究的基础上，本课题提出了以下的基于知识管理的教育资源管理系统架构方案。

（1）资源管理模块。系统要完成对各种类型教育资源的管理功能，包括资源的索引编制、发布、修订、删除、传输、审核和检索，等等。一般来说，教育资源按照学科组织建设与使用，按照物理属性分类存储与管理。系统应该具备的资源管理功能具体有：

①资源库管理。提供强大的资源库结构动态调整设置的功能，如增加学科、改变篇章节结构、根据教学大纲的变化修改知识点、增删改资源分类库等，整个资源库是完全动态的，能充分满足资源库在后续若干年使用的需要。资源库管理平台不是静态的，而是在使用过程中不断地完善资源库。

②资源分类。为了使用户能方便地浏览并迅速找到自己所需要的信息，系统应采用信息分级呈现的方式，即用户先选择信息类型，然后选择信息子类型，实现分级浏览。对一个系统来说，浏览其实也是一种查询，对不想输入任何检索词的用户，选择浏览方式就可直接查询数据库的内容；提供明确的导航系统，以实现用户对资源的自然浏览。用户可以根据导航栏的层层提示，定位到某一个资源文件上。对于每一个资源文件，都具备相关属性的显示功能，如提供该资源的内容简介、关键字、作者信息、审核者等。用户可以选择预览资源，还根据自己的需求选择下载、复制、加入网络书签等操作。

③资源检索。系统应提供多种检索查询方式，包括名称、关键词、知识点、复合检索、渐进式检索、浏览方式查询等，能够对各种多媒体资源进行检索。对于文本素材，应提供全文检索功能。渐进式查询指用户键入关键词后，系统便对数据库中所有索引字段的内容进行检索。用户可选择在检索出的内容里进行二次渐进式查询。复合查询指限定数据库中若干字段满足一定条件的检索，用户选定多个字段作为查询推荐，系统对数据表中多个字段进行符合查询，以满足用户的约束条件。浏览方式查询指对不想输入任何检索词的用户，可选择浏览方式直接查看数据库的内容。

④资源上传。作为一个开放的系统，除了已有的资源以外，应能够动态的扩充和增加资源，以达到资源库的丰富和发展。上传的资源信息应当包括作者信息、学校信息、资源述等必需属性，上传的资源放在临时区供资源审核员审核、编目后入库或删除。

⑤资源下载。用户可将自己需要的资源预览满意后从资源库下载到本地计算机的硬盘上，对于需要付费的资源，需要先付费确认后才能正确下载；在用户下载资源的过程中，系统提供下载的动态信息。

⑥资源审核。用户上传的资源自动标记为待审核状态，存放在临时库中供各学科资源审核员进行审核。资源审查员确认合格的资源进行编目后，资源进入资源库相应位置，经审核不合格的资源由系统自动删除，这样保证了资源的可靠性。资源库上传资源的审核应该按照学科来进行审核。

⑦新增知识管理。允许管理员对新增加的知识进行管理，包括相应描述规则的管理。

（2）系统管理模块。系统管理模块的使用者是系统管理员，要求系统运行安全可靠，保证资源的最高使用效率，这一模块在该系统中是至关重要的，它要完成如下功能：

①用户管理。根据整个资源运营系统的功能划分，从管理功能的角度将管理者、用户分为不同的行为主体，每个主体分担不同的任务，执行不同的操作，角色功能在权限允许的情况下可以有交叉。权限越高，覆盖的功能越多。用户的权限由其所拥有的角色来决定，使用系统的每一个用户都要分配一个角色。功能：增加角色、修改角色、删除角色、用户管理、用户组管理。用户管理包括用户注册和用户账号管理，整个系统包括三类用户：管理员、一般用户和超级用户，对于不同类型的用户进行基于分组的用户管理。为一般用户提供资源检索、资源下载、资源上载、资源收藏等功能；为超级用户提供资源检索、资源下载、资源收藏、资源上载、资源审核、资源修改等功能；为管理员提供系统管理、用户磁盘空间管理等功能。

②权限分配。为角色分配一定的权限。系统功能可以划分为独立的细小模块，每个角色的权限是一组功能模块的操作允许的总和，只有对某个模块有操作权限的角色才可以进入此模块。对角色权限可进行修改等管理。功能：角色权限

设置、权限的设置、权限的修改。系统对各个功能性模块进行权限抽取和划分，灵活地分配各级操作权限。

③系统配置。维护系统运行所需的软件平台，设置终端用户的上传下载、浏览权限、上传大小等不同权限。设置与其他资源库进行互操作和数据交换的接口，定期对系统进行升级。

④数据管理。定期对系统中的资源数据进行备份，系统级备份形式以第三方备份工具为主，以数据库备份和文档数据备份为主，是最低一级的数据备份，功能最强，但是由于要人工操作设定和干预。因此系统级备份一般用于每月，或者每周的系统全面定时备份。

笔者针对高等教育教学信息化资源相同知识点的资源重复存储、依知识管理和检索困难、检索效率低，信息的可用性差等问题，采用基于知识管理的方法对教育教学信息化资源管理进行研究；针对教育教学信息化资源格式不统一的特点，研究了数据统一格式转换的技术，并以音频类型数据为例，制定音频数据格式描述规则以及格式转换规则，从而实现教育教学信息化资源的规范化，进而解决知识重复存储的问题，提高教育教学信息化资源的利用效率，提高教育教学信息化资源的可用性。

第三节　云计算技术在高等教育信息化建设中的应用

云计算是以互联网为中心，提供快速、便捷的数据存储和网络计算服务。从高校信息化资源使用与管理的实际情况来看，当前存在的主要问题，即高校资源利用率低和资源浪费导致资源不足和每年需要投入大量资金等。

信息化资源与技术已经应用在高校教学、科研、管理等各个方面。随着信息技术的迅猛发展，现有的互联网系统与服务模式呈现出了越来越多的弊端。一方面，对计算机软硬件的需求越来越高，特别是从CPU的计算能力到I/O设备的传输处理速度，再到存储器容量等，导致大部分PC机或服务器由于计算能力或存储容量不够而闲置，或等待淘汰；另一方面，大量的计算和存储资源常常处于闲置状态，或利用率极低，绝大部分PC机或服务器在运行时CPU的利用率低于20%，甚至低于10%，造成了资源的浪费。在这种矛盾状态下，为了满足高校教学和管理的需要，高校每年不得不投入大量的资金用于购置新的计算机和服务器，导致人力、物力和财力的极大浪费。云计算的出现，对于解决这一问题提供了契机。

一、云计算概述

1.云计算的含义

云计算不是一个新的概念，而是一种新的服务模式。云计算使用虚拟化技术把计算机集群，包括网络、CPU、I/O设备和存储设备虚拟成一个资源池，灵活进行资源配置，提供按需服务。每一群包括了几十万台、甚至上百万台计算机。在谷歌理念的云计算模式中，用户所需的应用程序并不运行在用户的个人电脑、手机等终端设备上，而是运行在互联网上很大规模的服务器集群中，即云中。可用户只需要在任何时间、任何地点，用任何可以连接至互联网的终端设备访问这些服务即可，充分体现了云计算的强大力量。

2.云计算的发展和应用

目前，亚马逊、微软、谷歌、IBM、英特尔等公司纷纷提出了“云计划”。

Amazon使用弹性计算云（EC2）和简单存储服务（S3）为企业提供计算和存储服务。云计算是Amazon增长最快的业务之一，标志着云计算服务的成熟和云时代的来临。Google当数最大的云计算使用者。使用Google地球、地图、Gmail、Docs等应用，用户数据存储在互联网上的某个地方，可以通过任何一个与互联网相连的系统十分便利地访问这些数据。Azure是微软的又一次颠覆性转型——通过在互联网架构上打造新云计算平台，让Windows真正由PC延伸到“蓝天”上。

在中国，云计算从2008年开始成为中国IT界和通信界关注的核心。中国移动推出了“大云”（bigcloud）云计算基础服务平台，中国电信推出了“e云”云计算平台，中国联通则是推出了“互联云”平台。2009年8月，中国移动研究院发布了0.5版本“大云”系统，并在此基础上设计了很多管理软件和应用。

3.云计算的主要服务形式

云计算主要提供以下三种形式的服务。

IaaS（基础架构即服务）：将硬件设备等基础资源封装成服务供用户使用，如Amazon云计算AWS（Amazon Web Services）的计算云EC2和简单存储服务S3。在IaaS环境中，用户相当于在使用裸机和磁盘，既可以让它运行Windows，也可以让它运行Linux，因而几乎可以做任何想做的事情，但用户一定考虑如何才能让多台机器协同工作起来。

PaaS（Plat formasa Service，平台即服务）对资源的抽象层次更进一层，它提供用户应用程序的运行环境，典型的如Google Apennine。微软的云计算操作系统Microsoft Windows Azure也可大致归入这一类。PaaS自身负责资源的动态扩展和容错管理，用户应用程序不必过多考虑节点间的配合问题。

SaaS（Software’s Service，软件及服务）的针对性更强，它将某些特定应用软件功能封装成服务，如Salesforce公司提供的在线客户关系管理CRM（Customer Relationship Management）服务。SaaS不需要用户在本地安装和更新，提供某些专门用途的服务供应用调用，如Google Docs等。

二、高校信息化资源的应用和管理

1.高校信息化资源的应用

高校信息化资源主要使用在以下几个方面：①行政及教学各部门办公室，用于日常办公需要；②各实验室机房，用于学生上机实验；③各教室，用于多媒体上课需要；④各研究室（所），用于科学研究需要；⑤高校网络中心，用于网络管理及校园网络服务科技广场；⑥图书馆，用于图书管理及借阅管理。

主要有以下使用人员：①普通办公人员，使用计算机只是为了日常办公需要；②教师，教学和科学研究需要；③学生，学习和实验需要；④维护人员，主要负责为办公、教学、实验和科学研究所需计算机软硬件日常维护和管理。

从高校目前的硬件配置情况看，各学院基本都有自己的机房，有自己的维护人员。除了大量各种PC机外，各机房都有相应的服务器用于网络管理或为实验提供网络服务。各研究室（所）因科学研究的需要往往也购买了大量的服务器；各职能部门如教务管理部门、财务管理部门、学生管理部门、后勤管理等部门为了部署各部门的管理软件、数据库和网站，也购置了各自的一台或多台服务器，这些服务器大多仅限于上班时间内使用，或某一段时间内使用；高校的网络管理部门为校园网络服务也拥有多台服务器。

2.高校信息化资源使用存在的问题

（1）资源配置不均衡。有些部门配置的计算机较新，而有些部门配置的计算机由于更新换代等原因，较为陈旧，或数量不足，导致数量不够用或由于软件要求较高而不能用，或由于较为陈旧，办公人员不愿用而闲置。

（2）从教师教学情况看，教师备完课后，在不同的教室或办公区授课或办公时，需要把相关教学课件或其他软件资源拷贝到U盘，带到上课地点，再次拷贝或安装到上课所用计算机上，使得多个多媒体教室计算机上都有同一教师的重复数据和软件，造成数据冗余和资源浪费。

（3）从教师科研情况看，由于各研究室（所）相对独立，当计算资源不够时，往往都需要购买服务器。一方面，这些服务器不管在时间上还是在效率上，利用率都很低；另一方面，这些服务器不能在各研究室（所）间共享，最终导致高校重复投入。

（4）从学生上机实验情况看，学生在进行程序编制、调试、软件设计、课程设计或生产实习时使用的软件环境和作品及数据需要保存，以便下一时间点上机时可以继续进行。由于高校机房属于公共机房，机房的计算机往往面向多个专业多个班级，学生在不同的时间点上机实验或学习时，很难做到使用同一台计算机。因此，学生的作品、软件环境和数据总是需要学生拷贝带走，而在下一时间点上机时，又要重新配置软件环境。即使可以保证学生在不同时间点上机时使用同一台计算机，由于多专业多班级共用机房，也很难保证学生的相关数据不被破坏，导致学生上机学习时疲于应付软件环境配置，浪费了时间。

（5）从维护人员看，除了硬件维护外，在软件维护上，为了满足不同的教学需要，经常需要为机房每台计算机安装和升级不同的软件；由于计算机病毒或人为破坏等原因，需要经常重新安装系统，工作量大且效率低，维护人员往往疲于应付。

三、云解决方案

综上所述，在当前高校信息化资源的使用和管理上主要存在的矛盾是：资源不足与资源浪费；使用不便与数据冗余；维护人员多与效率低，其本质原因是资源利用效率低下。云计算可以很好地解决这些矛盾，云计算的目标之一就是资源的灵活配置与充分利用。

云计算的虚拟化技术可以把校园内的所有服务器、闲置PC机和存储设备集中起来，虚拟为一个统一的资源池，实现资源的灵活配置和高效按需使用。

云计算使得计算、存储、数据和应用都存在于云端，数据的处理都在云端完成，是一种典型的瘦客户端服务模式，极大降低了对客户端硬件的要求。客户端只要通过网络能够连接到云中，通过浏览器访问云中资源，即可在任何时间、任何地点完成任何任务。云计算的IaaS服务，可以在云端为教师、学生和其他办公人员开辟个人的存储空间，实现个人数据校园范围内安全统一的永久化云存储。无论何时何地，只要登录云端，即可访问自己的数据，避免了使用不便和数据冗余。还可以为教师、学生和其他办公人员按需配置计算力及I/O设施，为各职能部门按需配置满足其需要的数据库服务器、Web服务器等，达到资源的充分高效利用。

云计算的PaaS服务可以为教师和学生提供云中的平台服务，满足老师和学生应用设计、应用开发、应用测试和应用托管需求。利用PaaS平台，就能够创建、测试和部署应用和服务。云计算的SaaS服务，可以方便地为校园范围内各种用户提供云中的软件服务，用户不再需要自己安装软件，只需要通过云中定制的软件即可使用。从学生学习需求的角度看，通过SaaS服务，学生可以很容易地获取所需的学习软件环境。总的来说，校园云的部署，将会带来以下好处。

1.提高资源共享水平和利用效率

云计算使用虚拟化技术实现了计算存储等资源的统一管理和灵活配置，提供按需服务，能够根据实际需求灵活地配置硬件资源，使得资源的共享和利用效率得到了充分提高，避免了不管是PC机还是服务器，其计算效率长期低于20%甚至是10%的尴尬。

2.降低高校信息化资源的建设和投入

使用云计算技术可以使资源得到充分利用，尤其提高了校园范围内服务器的利用效率。同时，瘦客户端的服务模式降低了客户端硬件的要求，一台一般的PC机，只要安装了操作系统和网络能够访问到云，即可正常运行满足其所有需要，降低了陈旧计算机淘汰的速度。对于闲置的计算机，不管是PC机还是服务器，都可以使用虚拟到云的资源池中，统一为用户提供计算力和存储，只有当云中的计算和存储资源不够用时，才考虑购买新的服务器和存储设备，这将极大地降低高新信息化资源由于更新和淘汰而带来的每年的大量投入和重复建设，彻底解决资源不足与资源利用效率低的矛盾。

3.降低管理和能耗成本，提高管理效率

云计算方案的实施，使得所有对于资源的管理都集中到了云端，改变目前每个机房都需要配置多名维护人员的状况。通过云端的管理软件，维护人员可以很方便地为用户配置并快速部署满足其需要的虚拟机，统一在云端配置、部署和更新教学、科研和办公所需要的软件环境，统一在云端完成杀毒等维护工作，不再需要传统方式下在每一台计算机上进行类似的操作，这将极大降低人工维护成本。同时，云计算灵活的资源配置方式将极大地降低能耗，即在需要时分配资源，不需要时关闭资源，例如，需要进行某个实验时，根据实验要求配置并生成若干虚拟机，实验完成后，计算资源回收，关闭虚拟机。

4.提供更加便捷的服务

云计算使得用户所需要使用的资源，如计算资源、存储资源和应用资源都存在于云端，用户只需要一个能够连接上云的终端，简单到如手机、IPad等，就可以获取相关资源，随时随地完成相应的工作任务，不再受限于具体的办公地点和固定的信息化资源。

四、可行性分析

目前大多数高校的信息化资源尽管使用效率较低，但已基本满足高校教学、管理和办公的需要，为校园云的实施提供了最基本的硬件保障。在云方案的资源高效利用下，不需要投入太多甚至是不需要再投入相关硬件资源。校园主干网络基本都已达1000Mbit/s，甚至万兆，为校园云的实施提供了基本的网络保障。

在校园范围内，没有过于敏感或保密的数据，不管是财务数据还是教务数据等，存储于校园私有云的数据中心不存在数据安全和个人隐私泄露问题。在校园云方案的实施投入上来看，目前需要的是软资源的投入，包括用于硬件底层虚拟化的软件、云服务的相关管理软件和云数据中心管理和维护人员的培训。当前已有不少国内的公司致力于私有云的建设和实施，从经济投入上看，不需要太多的投入，相对于每年投入大量的资金用于购买新的IT设备，经济上是完全可行的。

云计算是一个新兴的、革命性的概念。它改变了人们使用信息化资源的习惯和方式，把人们从传统的以个人桌面为中心的应用模式改变为新的以网络为中心的应用模式，提供资源的灵活配置、按需服务和高效利用。校园云计算的实施，必将推动高校信息化资源的充分利用和信息化资源投入的大幅降低，在提供更加强大和便捷服务的同时，也必将进一步推动高校信息化工作的进一步发展，进而推动高校教学、科研和管理工作的进一步提高。

第八章

高等教育规范化管理信息化的趋势、挑战和展望

第一节　高等教育规范化管理信息化的趋势

随着经济的发展和社会的进步，社会的信息化水平越来越高，教育信息化属于社会信息化的有机构成部分，是构建国家教育体系的重要组成部分，是建设全民学习型社会的必然条件。教育信息化是促进我国教育事业发展的重要推动力，有助于实现教育现代化，最终实现整个国家教育的全面发展，这已经成为我国发展教育事业的战略选择。教育信息化有助于教育思想的转变，促进高等教育规范化管理，是推动教育改革的重要力量，从而优化教育质量，提高教育效益，培养出大量的创新型人才。

随着信息化技术的发展，其应用领域越来越广，目前已经大量运用到高校的教学规范化管理当中，很多高校都加强了教育规范化管理的信息化系统建设。那么要想了解高等教育规范化管理信息化的趋势如何，应当了解教育规范化管理信息化存在的弊端等问题。

一、教育规范化管理信息化存在的问题

1.管理观念和体制滞后

由于信息化对于高等教育规范化管理的作用越来越大，因而很多高校陆续进行了高等教育规范化的信息化管理。然而，并没有取得理想的效果，这主要是由于高校在实施信息化管理的过程中没有落实好信息化管理的基本要求。

很多高校将过多的精力放到了信息化平台和硬件建设，教育规范化管理观念的信息化和现代化没有引起足够的重视，教育规范化管理工作人员的认识也相对滞后，无法满足高校信息化管理的需要。为了保证高校信息化管理能够发挥应有的功效，高校必须建立与之相匹配的信息化组织结构和管理制度，例如可以考虑成立专门的信息化领导小组。

2.信息化认识不到位

高校对于教学信息化管理的认识不到位问题主要体现在以下几个方面：没有充分意识到教育规范化管理信息化的价值，因而没有将其视为高等教育规范化管理中的一项重要内容；即使有些高校意识到了教育规范化管理信息化的价值，可能也在这方面采取了一些措施，然而却缺乏一个有效的信息化领导决策部门，没有对学校的教育规范化管理信息化制定一个明确的规划；没有认清信息化管理中的工作重点，将过多的精力投入管理上，而忽视了教学本职工作；信息化的机构和人员配置不完善，缺乏专业的管理和执行团队，因而不能充分发挥信息化技术应有的价值，缺乏一套科学高校的管理体制。

3.信息资源的规范化建设问题

高等教育规范化管理信息化建设是一项长期的系统工程，其关键是开发信息资源，这是实现教育规范化管理信息化的前提条件，信息资源能否规范化建设直接关系到教育规范化管理信息化能否取得理想的效果。教育规范化管理信息系统是一个复杂的系统，由很多不同的功能模块构成，但是最重要的就是信息资源的规范化，也就是我们通常所说的编码规则，这直接影响信息系统的使用效果。高校在制定编码规则时，应该考虑的条件有很多，例如实用性以及前瞻性等，因为该编码规则不仅要适应当前的教育规范化管理模式，而且还要适应未来的教育规范化管理模式，实现二者之间的兼容。

4.教育规范化管理信息系统的开发问题

教育规范化管理信息系统的开发是高校进行教学信息化管理的首要工作，因为这是教育规范化管理的核心软件，因而有着较高的要求，必须有着强大的功能，包括的范围较广，具有较强的技术性，但是高校在开发信息管理系统时必须面对一个难题，即开发的周期长、投资金额大。高校在开发信息管理系统时，既需要专业的代码编写人员，同时为了使得该系统能够更好地为教学实际服务，需要教育规范化管理实践的人员参加。

事实上，对于很多高校来说，自行开发信息管理系统可能会面临很多技术难题，而且成本过高，因而可以考虑直接购买，并且在此基础上进行二次开发。直接购买可以很好地避免开发环节的技术难题，以及成本高的问题，二次开发则可以结合学校的实际情况，使得信息管理系统更能体现学校的特色。

二、教育规范化管理信息化存在问题的原因分析

1.缺乏有效的领导和协调

由于缺乏统一的领导和协调，所以国内高校的教育规范化管理信息化建设进程缓慢，并且缺乏相应的指导，标准的缺乏也在一定程度上导致了各个高校各自为政，都在建设自己的信息化系统，重复建设问题越来越严重，这很可能会导致以后各个高校教学信息化系统的兼容性出现问题。各个高校在教学信息化管理系统建设上缺乏协调和合作，既分散了资源，又在一定程度上造成了信息系统建设的滞后和不足。

2.缺乏配套的政策支持和协作机制

随着各个高校均加大信息化建设，高校教学管理的信息化水平越来越高，并且导致了高校变得越来越开放化，因而不同高校之间的信息资源能够在更大程度上进行共享。然而，由于目前教育政策和体制上的局限性，导致了教学信息化管理系统没有发挥应用的作用。

一方面，由于不同学校都有自己的办学利益，这就为资源的共享带来了一定的难度，再加上由于缺乏相应的政策支持和合作机制，这就为不同高校之间的利益格局调整带来了难度；另一方面，为了充分发挥教育规范化管理信息系统的价值，要求教师必须将信息系统应用到起日常的教学实践当中，这就要求在教师的教学质量考核中增加信息化的相关要求，然而很多高校目前还缺乏这样的评价体系和激励机制，所以在一定程度上导致教师没有充分在日常教学中使用信息化系统，降低了信息化系统的应有价值。

3.师资队伍无法适应信息化建设的要求

为了充分发挥教育规范化管理信息化系统的价值，要求教师队伍必须具有较高的素质，但是从目前很多高校的实际情况来看，这一条件还无法得到很好的满足。一方面，由于受到传统教育思想和观念的影响，很多教师的信息化管理理念还不是很强，其接受新的思想观念需要一个过程；另一方面，教师的综合素质和知识水平需要能够达到信息化管理的要求，只有这样才能发挥信息化系统的作用，这要求教师具有良好的信息化意识，充分利用信息化系统进行知识的整合，以及利用信息化手段来进行教学活动。然而，从目前国内很多高校的师资配置来看，还难以满足教育规范化管理信息化的要求。

4.教育规范化管理信息化建设的经费投入不足

虽然很多高校已经意识到了教育规范化管理信息化系统的重要价值，但是由于这是一项系统的过程，需要大量的经费投入，既包括起初的硬件基础设施，也包括后期的软件建设，这些都需要大量的经费保障。然而，由于很多高校受到办学经费的限制，导致其无法在信息化建设方面取得良好的进展，这在很大程度上制约了高校的教育规范化管理信息化建设。

三、教育规范化管理信息化的发展趋势

从目前的现状来看，高校的教育规范化管理信息化呈现出以下的发展趋势：

1.数字化

教育规范化管理过程中需要处理大量的信息，既包括数字化的信息，例如教学课时数以及学生成绩等，也存在着大量非数字化的信息，例如教学效果和质量等，相对于数字化的信息来说，这些非数字化的信息处理起来更为困难，因为需要有一个数字化的过程，将这些信息转为数字化的信息。教育规范化管理信息系统的出现给这一工作带来了极大的便利，信息系统中的各项事务都是以数字化的形式出现的，因而便于储存和使用。

随着教育规范化管理信息化系统的大量应用，教学管理过程中的大量信息尤其是非数字化的信息都被数字化了，这不但降低了信息的制作和存储成本，同时也方便了各个职能部门以及教师使用这些数据，因为这些数据的使用可以不受到场所和时间的限制，从而便于信息的传播和利用，使得信息能够在更大程度上实现共享，提高了信息的使用效率。

2.网络化

随着教育规范化管理信息系统的广泛应用，教学信息的传递变得越来越方便，教育规范化管理部门可以依靠信息系统方便地进行信息交流和共享。网络化是指将学校的各院系、各部门通过计算机网络联系起来，搭建一个教育规范化管理的信息化平台，各个用户则可以通过其客户端方便地进行信息查询、传输和使用。另外，网络化还包括学校校园网的建设，在一个信息化系统当中实现教师管理、学生管理以及课程管理等，并且这些系统之间可以方便的进行数据的交换和流通。通过网络化，实现校园网与互联网的互联，从而充分发挥教育规范化管理

信息系统的作用。外界社会也可以通过该信息化系统了解学校的基本情况，进行高效毕业生的就业指导和招聘。

高校教育规范化管理信息系统建设已经取得了丰硕的成果。“全国高校毕业生就业信息网”就是信息化建设的成果之一，其主要功能就是提供信息服务，既包括毕业生的相关信息以及毕业生的工作意向，另外也包括用人单位的相关信息，例如用人需求信息。“普通高校招生录取信息网”是信息化建设的另一成果，通过信息化平台实现了学生报考、招生和录取的网络化，既提高了工作效率，又为考生带来了很大的方便，并且向“阳光招生”迈出了重要的一步，是实现教育公平的重要措施，并且该系统可以与高校的信息化系统无缝连接。因此，高校通过进行教育规范化管理的信息化建设，实现了学校资源和社会资源的充分整合和共享，从而提高了高校的管理效率。

3.智能化

由于高校的教育规范化管理信息化系统综合运用多种信息技术，例如多媒体技术、人工智能与数据库技术等，这使得教育规范化管理呈现出智能化的趋势，教学管理环境变得越来越智能化。教育规范化管理信息化系统在进行结构设计时，充分利用了人工智能技术，从而方便地实现搜索推理，借助先进的数据库技术和模块管理技术，将各个相对独立的教学环节联系起来，从而进行综合管理。

虽然教育规范化管理中的各个环节可能相对独立，但是教育规范化管理信息化系统为这些不同环节提供了转换和链接的渠道。例如，该信息系统通过一个智能化的模块程序就可以实现教学任务和教学行政子系统二者之间的无缝连接，从而可以自动生成课表，并且便于安排考试时间，防止出现冲突。另外，由于该信息管理系统运用了大量计算机高级语言和程序，因而可以在一定程度上模拟人的思维过程，这使得逻辑推理变得可能，因而可以实现管理和决策的智能化。这拓展了该信息管理系统的功能，因为其具备了一定的辅助评价和决策功能，这对于教育规范化管理中存在着很多随机性以及模糊性信息的情况是十分重要的。

4.扁平化

传统的教育规范化管理往往是一种垂直管理的模式，而随着高校教育规范化管理信息化系统的大量应用，高校的教育规范化管理模式呈现出扁平化的趋势。过去的教学管理往往是按照科层制组织的，在这种韦伯意义的组织框架下，权力、资源与信息之间呈现出一种垂直的格局。随着信息化系统的应用，教育规范化管理中的大量中间层级被取消，信息传递由垂直模式逐渐过渡到扁平模式，因而教育规范化管理框架越来越呈现出一种扁平化的趋势。

在教育规范化管理的垂直管理模式下，由于组织分工过多，在一定程度上造成了管理效率低下，因为管理方式往往不恰当。另外，由于管理层级过多，降低了信息的传递速度，并且有可能导致信息在传递过程中失真，因而无法实现资源的合理充分利用。扁平化的教育规范化管理组织则可以很好地克服这些缺陷，教育规范化管理信息化系统为实现扁平化的管理提供了技术支持。

5.合作化

传统的教育规范化管理组织按照分工原则来分配工作，即不同的部门分管不同的工作，大家之间缺乏合作。然而，随着教育规范化管理信息系统有垂直化过渡到扁平化，这种按照工作职能来进行分工的组织框架就无法适应现实教育规范化管理活动的需要。因为在高校教育规范化管理信息化系统下，要求相关人员就有较高的综合素质和专业知识与技能，这就需要以任务为中心来安排工作，打破过去以职能来安排工作的局面，从而构成一个有效的任务网，管理人员则是这个网络上的不同节点，因而这些管理人员之间可以方便地进行分工与合作。

随着信息技术的发展，其应用范围也越来越广，目前已经在高等教育规范化管理中得到了普遍的应用。由于信息化系统在高等教育规范化管理中的应用越来越广，其未来主要呈现出数字化、网络化、智能化、扁平化以及合作化的发展趋势。

高等教育信息化管理实现了管理系统和信息技术的统一，有利于进行信息交流，开展目标管理，这需要管理者具有较高的综合素质水平，因而在一定程度上导致了管理人员结构的优化。为了充分发挥教育规范化管理信息系统的价值，高校需要进行制度创新，从而适应信息化管理系统的要求，提高教学管理工作的效率。

第二节　高等教育规范化管理信息化的挑战

计算机技术的发展带动了数据数量的大幅度增加，提高了数据处理的能力。从大数据到云计算，数据与管理建立了互相依存、共同发展的关系。大数据为高校教学管理带来了新的数据储存设备、储存方式和数据分析的方法，使数据的全面采集利用成为可能。大数据的到来必然带来信息化，大数据的思维方式对高等教育规范化管理而言，是一种前所未有的挑战，同时也是继往开来的机遇。

（1）数字驱动，科学决策，通过大数据分析为高校的办学方向、学科设置、专业优化调整等重大决策提供科学的依据。

大数据最具吸引力的地方在于，它不只是各个方面的广泛数据汇集，更可以让人们从这些数据中获取实实在在的好处。针对大数据速度快、形式多样、关联度高等特点，对采集到的完整数据进行及时准确的科学分析，让决策层对数据形成的历史和现状有清晰的认识，以此为依据作出理性的判断和预测。大数据分析结果具有相当高的实效性和直观性，大大提高决策的科学性。高等教育规范化管理系统涉及学校教育规范化管理的方方面面，获取的数据涵盖了专业设置与构成、专业申报与管理、教学建设与改革、教学运行与服务、教学资源配置与实验室建设、课堂教学与师资结构、学生学业情况与学业管理等完整的信息。借助系统管理，开展数据的统计与分析，可得出学校历年来的专业发展情况和现状、教学建设与研究重点、师生状况和教学情况等多方面数据，为高校发展的办学定位、政策制订、领导决策、教师教学创新提供科学的基础和依据，提升管理层次。

高校科学发展的落脚点在于数据。大数据分析可以帮助高校及时掌握教学运行状况和教学服务能力，为科学决策和教育规范化管理提供良好的支撑。多元化、综合性的数据和数据分析必然会是决策的基础和创新的起点，是高校教育规范化管理科学化的核心。换言之，拍拍脑袋做决定的“长官意志”和由过往经历构成的“经验主义”都将被系统数据和数据挖掘、数据分析所取代。大数据将使高校的决策和发展更趋理性化。

（2）教学创新，教学改革，大数据挖掘促进高校主动变革，使高等教育规范化更具个性化、人性化特征，满足不同层面的教育需求。

高校的大数据包含了全校师生的学习生活行为的相关数据，包括非常庞大的信息：全校所有师生的基本情况、年龄分布、地域分布，各科目的选课情况、授课情况和考试成绩分布情况，各学习平台师生的学习日志、学习路径、学习成果。高校管理者要充分利用数据挖掘和分析技术对数据进行采集、储存和分析，利用大数据分析来帮助教师不断创新教学方法，大胆进行教学改革，为不同专业、不同层面的学生设计个性化的课程，提供更加人性化的教学服务。

目前，已经有大数据公司在个性化课堂开发方面做过成功尝试。他们通过数字平台对几百万学生从幼儿园到大学的学习过程进行分析，在此基础上设计课程目标和测试题目，开发出多个阶段的个性化教学课程和智能数字教科书，以适应每个学生的差异和个性化需求。学生在学习过程中，根据自己的需求合理安排学习进度和学习步骤，系统通过学习平台和数据统计给教师做适时反馈，对个别同学的学习行为和全班学生的学习表现做整体的数据分析，教师据此调整不同学生的学习计划和教学方式，形成极具个性的教与学的方式。

随着网络教育的发展，高等教育规范化需要不断地改革与创新。高等教育规范化不再是单一的师生面对面授课，翻转课堂的线上线下混合式教学模式、讨论式的开放课堂、MOOC的出现不断地丰富着高校的教育教学模式。依据混合式教学模式的特点，学生在课下时间利用各种网络资源探索学习课堂视频文件，归纳整理出遇到的难点、疑点。在课堂上，教师组织和引导学生就难点、疑点展开讨论，在师生充分研讨的基础上进行评判与总结。这样的授课模式不仅能充分发挥学生主观能动性和学习自觉性，培养学生独立思考的思维方式和解决问题的创新能力。同时，也能让授课教师从传统的教学方式中解脱出来，把更多的精力放在对学生学习过程的启发和引导上。网络平台中的大数据，不仅能够收集到传统课堂里的很多状态数据，同时也能精确捕捉到学生在网络平台的任何一个行为。对这些数据和行为的分析能帮助高校和教师不断进行教育教学的创新和改革。

（3）科学预测，提前预警，通过大数据比对量化学生的学业状态，帮助高校和学生进行有效的学业管理。

大数据+物联网的发展使得学生基本状态的量化和评估变得可能和可行。学生的学习状态和学业状态可以通过相应的量化技术进行收集，比如：学生的到课率、作业的正确率、回答指定问题的频率和时长等多方面数据；学生点击线上阅读材料、在网上论坛中的发言、完成作业的时长等相关数据；学生已完成学分与毕业所需学分之间的比对数据，等等。对这些数据进行比对和研判，科学预测，提前预警，帮助学生顺利完成学业。

预测是大数据一个非常重要的功能。通过数据比对，对大数据进行有效的分析和挖掘，可以构建学生学习行为的相关模型，分析学生过往的学习行为，对其未来的学习趋势进行科学预测并加以适当干预。有的高校已经开始尝试建立数据分析模型，通过收集分析学生的学习行为数据，对学生的学分、成绩、出勤率、辍学率等主要趋势进行研究，对学生的课程学习状态进行研判和预测，预估可能会无法顺利完成课程的学生，从而立刻对相关学生的学习情况进行干预，对学习有困难的学生及时进行学业帮扶，对学习成绩表现不良的学生及时发出警告性信号，提醒学生做好各自的学业管理，提高高校的一次性毕业率。

（4）多元管理，科学评价，在大数据研究的基础上构建多元化教学质量监控体系和综合性教学评价机制，有效提升高校办学质量。

传统的教学质量监控大多采用随机抽查为主的形式。多数高校在长期的工作实践中建立起了由校院两级领导进课堂、教学督导随机听课、定期和不定期的教学抽查、教学材料整理归档检查等要素构成的教学质量监控与保障体系。随机抽查是指按照机率性和随机性的独立原则，对检查对象抽样进行瞬间观察和测量，通过最少的样本状态推断出被测量事物整体特征的方法。随机抽查的方法在一定程度上可以以小见大地反映检查对象的质量状态，在以往的教学质量监控中发挥着重要的作用。但是，随机抽查只是获取样品的一种形式而已，并不能代表检查对象总体的质量状况，以样品质量合格与否来推断判定检查对象总体质量水平的高低，往往并不客观。

借助大数据，教育规范化管理者可在海量数据中动态地捕捉到相关观测点，通过量化的方式及时全面地了解全校师生在教学过程中的各种情况和信息，建立全面的、多元的教学质量监控体系。教育规范化管理者还可以通过大数据信息跟踪与预测的功能，建立相应的预警系统，对可能发生的问题进行提前干预，比如学期初教学检查，可通过采集排课系统、学生注册系统、学生选课系统、教师进度表系统等相关平台的数据，针对高等教育规范化运行实际情况，通过数据分析来制定本学期课堂教学质量监控的主要目标，设计多元的教学质量监控方案。

笔者以为，改变以往单一的学评教的教学质量评价模式，通过大数据采集，在教师的工作总结及一定时间内各项教学结果的反馈中形成科学的测评数据，这些数据从各个维度组成了大数据，通过数据分析和挖掘，记录教师的成长历程，可以提出教师在教学中有待改善的地方，建立对教师教学和学生学习具有积极意义的综合性教学评价机制，有效提升高校办学质量。

大数据即信息化，所以笔者从大数据角度探讨了高等教育规范化管理的挑战，大数据的到来必然促进教育规范化管理，同时也充满了挑战。

第三节　高等教育规范化管理信息化展望

高等教育规范化管理信息化是信息时代的要求，也是适应教学信息特殊性和高等教育大众化的必然结果。

教育规范化管理是高等院校管理体系中的一个重要环节，其目的是对教学进行管理和服务。它具有独特的复杂性、烦琐性和重复性。随着科学技术的进步和全球经济的飞速发展，人类社会已进入了一个崭新的信息时代，随之对中国的高等教育提出了更高的要求。在这样的背景下，高等教学管理应主动适应时代的发展需要，充分运用现代信息技术，组织和配置教学信息资源，进行信息化教学管理活动，从而达到高效率的、既定的教学目标。

在一个知识越来越重要的社会里，越来越多的人把教育视为希望所在，良好的教育意味着更好的未来，意味着找到好的工作，意味着事业的发展，意味着丰富多彩的生活。

高等教育需要做出快速的积极回应，满足更多不同类型学习者的需求，在知识经济的时代承担起更多的社会职责。更应该充分利用日益普及而便捷的信息技术，推动大学在教学、科研、管理、社会服务等领域的全方位发展和变革。未来高等教育规范化管理信息化值得展望。

参考文献

[1] 沈巧燕.“大数据”时代的计算机信息处理技术[J].网络安全技术与应用，2014（6）.

[2] 黄欣荣.复杂性科学的方法论研究［M］.重庆:重庆大学出版社，2011.

[3] 耿冬旭.“大数据”时代背景下计算机信息处理技术分析[J].网络安全技术与应用，2014（1）.

[4] 吴恩生，王桂梅.大数据时代计算机信息处理技术分析[J].江苏科技信息，2015（12）：63–65.

[5] 艾伯特·巴拉巴西. 爆发:大数据时代预见未来的新思维［M］. 北京:中国人民大学出版社，2012.

[6] 刘凯.大数据时代信息安全的机遇与挑战[J].网络安全技术与应用，2016（09）：57–58.

[7] 阿尔文·托夫勒.第三次浪潮［M］.黄明坚译.北京:中信出版社，2006.

[8] 林国勇.大数据时代面临的信息安全机遇与挑战[J].信息化建设，2016（01）：19–20.

[9] 冯伟.大数据时代面临的信息安全机遇和挑战[J].中国科技投资，2012（34）：49–53.

[10] 方世敏.大数据面临的信息安全问题分析[J].计算机光盘软件与应用，2013（19）：160–161.

[11] 李松林，徐天伟.深化高等教育体制改革适应经济体制改革的发展[J].云南师范大学学报，2010（06）：72.

[12] 张宏岩.我国高等教育管理体制改革的基本思路[J].青海大学学报（自然科学版），2013，21（1）：66–68.

[13] 教育部.面向21世纪教育振兴行动计划[M].中国高等教育，1999（6）：5.

[14] 教育部.国家教育事业发展“十一五”规划纲要[N].中国教育报，2007-05-29.

[15] 曾荣光.教育政策研究：议论批判的视域[J].北京大学教育评论，2007,（4）：11.

[16] 周远清.加速高教管理体制改革势在必行[J].中国高等教育，1998（2）：11-14.

[17] 马国川.教育改革，从80年代再出发[N].经济观察报，2009-03-09.

[18] 周远清.我国当前高等教育形势与任务[J].国家高级教育行政学院学报，2000（1）：6-12.

[19] 陈永明，胡东芳，郭继东，等.比较教育行政[M].上海：华东师范大学出版社，2005.

[20] 陈亚玲.高等教育国际化研究述评[J].现代大学教育，2001（4）：36-38.

[21] 林正范，贾群生.从经验走向科学——高等教育评价制度的改革与发展[J].浙江社会科学，2000（2）：66-70.

[22] 杨晓龙.试论高校发展与信息技术革命[J].黑龙江高教研究，1998（1）：14-16.

[23] 朱晓刚.大学理念的历史变迁[J] .现代教育科学， 2005（3）：39.

[24] 沈学珺.大数据对教育意味着什么[J].上海教育科研，2013（9）.

[25] 涂子沛．大数据［M］．桂林:广西师范大学出版社，2013.

[26] 李德伟．大数据改变世界［M］．北京:电子工业出版社，2013.